# SENDEROS

**Autoras**

Alma Flor Ada

F. Isabel Campoy

Printed in the U.S.A.

ISBN 10:    0-547-33776-0
ISBN 13:    978-0-547-33776-0

6 7 8 9 10   1926   19 18 17 16 15 14 13 12 11 10
4500000000   .  C D E F G

HOUGHTON MIFFLIN HARCOURT
School Publishers

# Una visita por el vecindario

**Gran idea** Hay diferentes clases de comunidades.

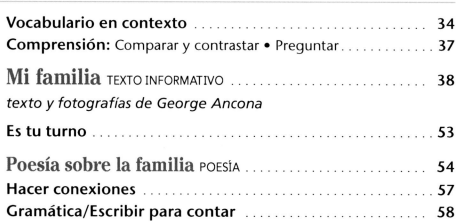

# Observar la naturaleza

**Gran idea** La naturaleza puede enseñarnos muchas cosas.

# Unidad 3

# Dímelo a mí

**Gran idea** Aprendemos de los demás.

# ¡Hola, lector!

Estás por empezar un viaje de lectura que te llevará a conocer muchos personajes nuevos como el de un perro superhéroe. También viajarás al espacio sideral y otros lugares geniales. No hay duda de que tu viaje estará lleno de sorpresas, y de que también aprenderás a ser ¡un mejor lector!

Prepárate para conocer a nuevos amigos con la historia de *Henry y Mudge*. ¡Sólo da vuelta a la página y deja que comience la diversión!

Atentamente,

*Los autores*

# Una visita por el vecindario

# unidad 1

## Gran idea

Hay diferentes
clases de
comunidades.

# Lecturas conjuntas

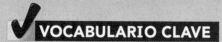

**VOCABULARIO CLAVE**

pesar

collar

rizado

medir

caído

liso

babear

crecer

| Librito de vocabulario | Tarjetas de contexto |
|---|---|

# Vocabulario en contexto

- Lee cada Tarjeta de contexto.
- Usa una de las palabras del Vocabulario para contar algo que hayas hecho.

**1 pesar**

A un perro se lo puede pesar en una balanza. Así el veterinario sabe cuánto pesa.

**2 collar**

Los collares son de estilos diferentes. Se ponen alrededor del cuello de los perros.

### 3     rizado

Un caniche es un perro que tiene el pelo muy rizado.

### 4     medir

Este perro se quedó quieto mientras lo medían.

### 5     caído

Los perros de caza tienen las orejas caídas. Las orejas cuelgan y se balancean.

### 6     liso

Algunos perros tienen pelo largo y liso.

### 7     babear

¡Este san bernardo babeó por todas partes!

### 8     crecer

Estas rosquitas y cruasanes crecen y se hacen más grandes dentro del horno.

# Contexto

**En el albergue para animales**

Si quieres adoptar un perro, empieza en un albergue para animales. Un albergue puede tener muchas clases de perros para elegir. Algunos perros tienen pelo rizado u orejas puntiagudas. Algunos cachorros crecen mucho y llegan a medir hasta tres pies de altura. Antes de elegir un perro, juega con unos cuantos. ¡Solamente cuídate de que no babeen sobre ti! Cuando ya tengas tu perro nuevo, llévalo a un veterinario para que lo examine y lo pese.

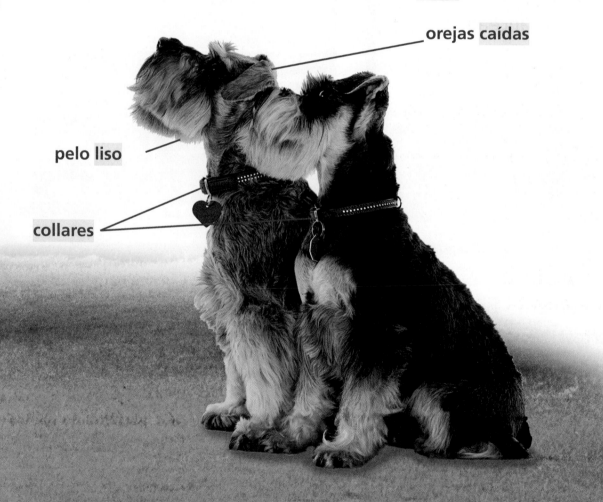

orejas caídas

pelo liso

collares

# Comprensión

## ✓ DESTREZA CLAVE **Secuencia de sucesos**

En *Henry y Mudge*, ocurre un suceso, luego otro y así sucesivamente. Siguen un orden o secuencia de sucesos. Usa un cuadro como el siguiente para ir mostrando la secuencia de los sucesos del cuento a medida que lees.

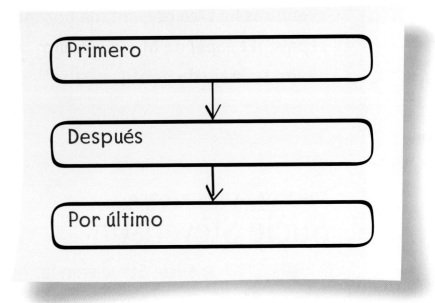

Primero

↓

Después

↓

Por último

## ✓ ESTRATEGIA CLAVE **Inferir/Predecir**

Piensa en la secuencia de los sucesos del cuento y usa lo que ya sabes. Mientras lees *Henry y Mudge*, haz predicciones acerca del cuento. Luego verifica si tus predicciones son correctas.

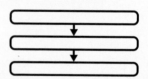

### VOCABULARIO CLAVE

| | |
|---|---|
| babear | caído |
| collar | medir |
| rizado | liso |
| pesar | crecer |

### DESTREZA CLAVE

**Secuencia de sucesos**
Di el orden en que
suceden las cosas.

### ESTRATEGIA CLAVE

**Inferir/Predecir** Usa
las claves para entender
más sobre las partes del
cuento.

#### GÉNERO
Una **ficción realista** es
un cuento que podría
suceder en la vida real.

**CONOCE A LA AUTORA**
# Cynthia Rylant

Henry y Mudge han sido
protagonistas en más
de veinticinco libros
de Cynthia Rylant. Una
obra musical sobre sus
aventuras ha sido presentada por todo
el país. ¡El papel de Mudge lo hace un
adulto en traje de perro!

**CONOCE A LA ILUSTRADORA**
# Suçie Stevenson

A Suçie Stevenson le
gusta dibujar el personaje
de Mudge. En la vida
real, ella tiene dos perros
grandes. "No babean
como Mudge", dice.

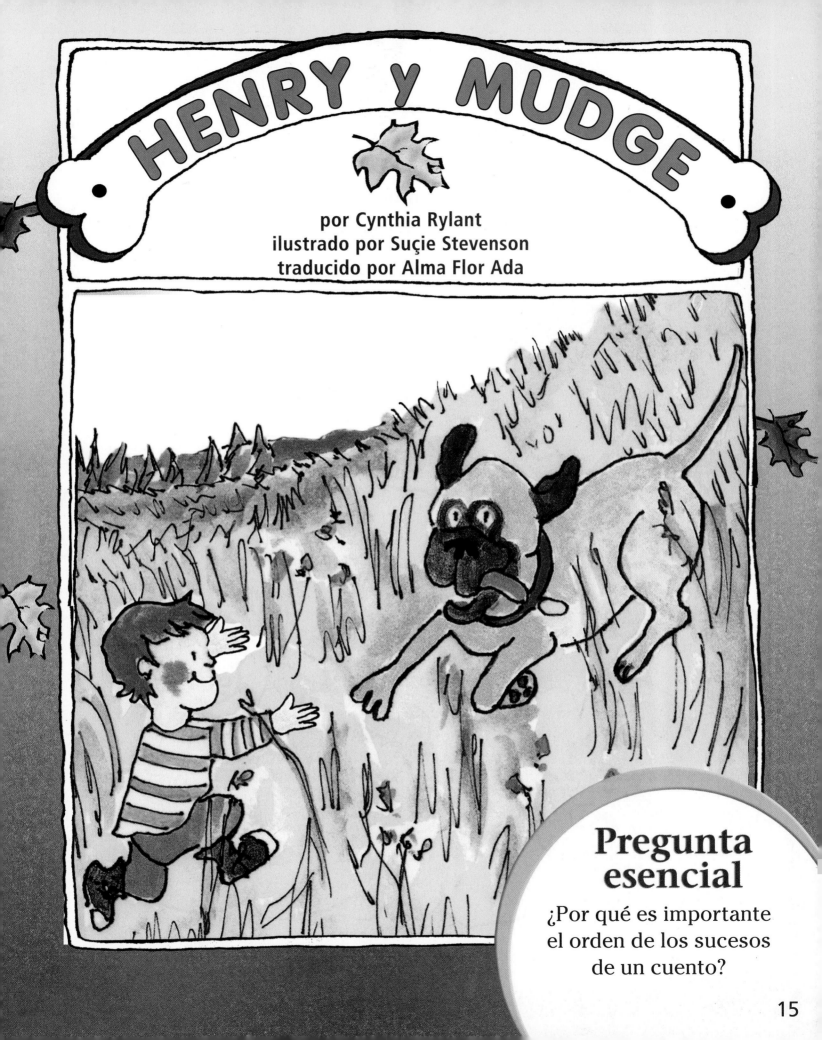

# HENRY Y MUDGE

por Cynthia Rylant
ilustrado por Suçie Stevenson
traducido por Alma Flor Ada

## Pregunta esencial

¿Por qué es importante el orden de los sucesos de un cuento?

Henry no tenía hermanos ni hermanas.

—Quiero un hermano —les dijo a sus padres.

—Lo sentimos mucho —le dijeron ellos.

Henry no tenía amigos en su calle.

—Quiero vivir en otra calle —les dijo a sus padres.

—Lo sentimos mucho —le dijeron ellos.

Henry no tenía mascotas en casa.

—Quiero un perro —les dijo a sus padres.

—Lo sentimos mucho —*casi* le dijeron.

**DETENTE Y PIENSA**
**Inferir/Predecir** ¿Qué dirían los padres de Henry sobre tener un perro?

Pero primero miraron la casa sin
hermanos ni hermanas.
Luego miraron la calle sin niños.
Y luego le miraron la cara a Henry.

Luego se miraron el uno al otro.
—Muy bien —dijeron.
—¡Quiero abrazarlos! —les dijo
Henry a sus padres.
Y así lo hizo.

**DETENTE Y PIENSA**
**Secuencia de sucesos** ¿Qué pasó
después de que los padres se
miraron el uno al otro?

Henry empezó a buscar un perro.

—No puede ser un perro cualquiera —dijo Henry.

—No puede ser muy pequeño —dijo.

—No puede tener el pelo rizado —dijo.

—Y no puede tener orejas puntiagudas.

Entonces encontró a Mudge.

Mudge tenía las orejas caídas, no puntiagudas.

Y Mudge tenía el pelo liso, no rizado.

Pero Mudge era pequeño.

—Es porque es un cachorro —dijo Henry—. Va a crecer pronto.

**DETENTE Y PIENSA**
**Técnica de la autora** ¿Qué palabras usa la autora para describir a Mudge?

¡Y cómo creció!

Creció hasta que no pudo entrar en su casita de cachorro.

Creció hasta que no pudo entrar en su casita de perro.

Creció hasta que no le vinieron bien siete collares cada vez más grandes.

Y cuando finalmente terminó de crecer...

pesaba ciento ochenta libras,
medía tres pies de alto y
babeaba.

—Me alegro de que no seas
pequeño —dijo Henry.

Y Mudge lo lamió y luego se
sentó sobre él.

## Cómo crecen las mascotas

**Escribir para explicar**

Mudge pasó de ser un pequeño cachorro a convertirse en un perro enorme. Elige un animal, como un perro, un gato o un pájaro. Piensa cómo el animal pasa de ser cachorro a convertirse en adulto. Escribe dos o tres oraciones para describir cómo crece el animal. Haz dibujos para mostrar tus ideas. CIENCIAS

 ## Sucesos en orden

Con un compañero, vuelve a hojear el cuento *Henry y Mudge.* Túrnense para comentar qué sucedió al principio, en el medio y al final del cuento. ¿De qué manera te ayuda el orden de los sucesos a comprender el cuento? SECUENCIA DE SUCESOS

## Conectar con las
# Ciencias

Toda la familia

✔ **VOCABULARIO CLAVE**

| | |
|---|---|
| rizado | pesar |
| liso | medir |
| caído | collar |
| babear | crecer |

**GÉNERO**

Un **texto informativo** da datos sobre un tema.

**ENFOQUE EN EL TEXTO**

Los **encabezamientos** son los títulos de las diferentes partes de una selección.

# Toda la familia

por Katherine Mackin

En el Zoológico de San Antonio, puedes ver muchos animales asombrosos. ¡Es posible que en tu vecindario viva un miembro de la familia de alguno de estos animales!

# Diferentes clases de perros

Los perros vinagre viven en América Central y en América del Sur. Tienen el pelo liso y marrón. En la naturaleza, comen roedores grandes.

Hay perros mascota de todas las formas y de todos los tamaños. Pueden tener orejas caídas o pelo rizado. Comen alimento hecho para perros. Los perros mascota deben usar collar.

# Gatos de todos los tamaños

Los leones pertenecen a la familia de los gatos. Pueden crecer hasta ocho pies de largo. Algunos llegan a medir hasta cuatro pies de alto. Los leones cazan animales grandes.

La mayoría de los gatos domésticos no pesan más de quince libras. Comen alimento especial para gatos. Pero algunos gatos también cazan ratones o pájaros.

27

## Lagartos **grandes**

Los dragones de Komodo son los lagartos más grandes. Pueden crecer hasta los diez pies de largo. ¡Algunos han pesado quinientas libras! La saliva de un dragón de Komodo es peligrosa. ¡Mejor que ninguno babee sobre ti!

## Lagartos **pequeños**

Los gecos pertenecen a la familia de los lagartos. Miden unas ocho pulgadas de largo. Los gecos adultos pesan de una a dos onzas. Los gecos comen insectos. Pueden comerse diez grillos uno detrás de otro.

# Hacer conexiones

**Hacer una lista** Henry convence a sus padres de tener un perro. ¿Qué razones da? Imagina que quieres una mascota nueva. Haz una lista de tus razones.

**Comparar y contrastar** Trabaja con un compañero. Elige uno de los animales de "Toda la familia". Comenten en qué son iguales y en qué son diferentes ese animal y Mudge. Escucha las ideas de tu compañero y hazle preguntas si no entiendes algo.

**Conectar con las Ciencias** Elige un animal de "Toda la familia" para investigarlo. Haz una lista de preguntas y halla las respuestas. Luego comenta las respuestas con un compañero.

# Gramática

**Sujeto y predicado**  El **sujeto** es la parte de la oración que nombra a la persona, animal o cosa que hace o hizo algo.

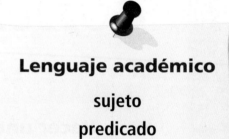

Ana pasea a su perro.
El niño elige una mascota.

El **predicado es** la parte de la oración que cuenta lo que hace o hizo el sujeto.

Ben juega con su perro.
Su perro tira de la cuerda.

 **¡Inténtalo!**   **Escribe cada oración. Luego, encierra el sujeto en un círculo.**

❶ Melania creció mucho.

❷ Mi padre abraza al perro.

**Escribe cada oración. Luego, subraya el predicado.**

❶ Los niños juegan a la pelota.

❷ Susana alimenta a su perro.

**Fluidez de la oración**  Dos oraciones cortas que tengan el mismo predicado se pueden combinar formando una sola oración. Une las oraciones con la palabra **y** entre los dos sujetos. Esto le dará mayor fluidez a lo que escribas.

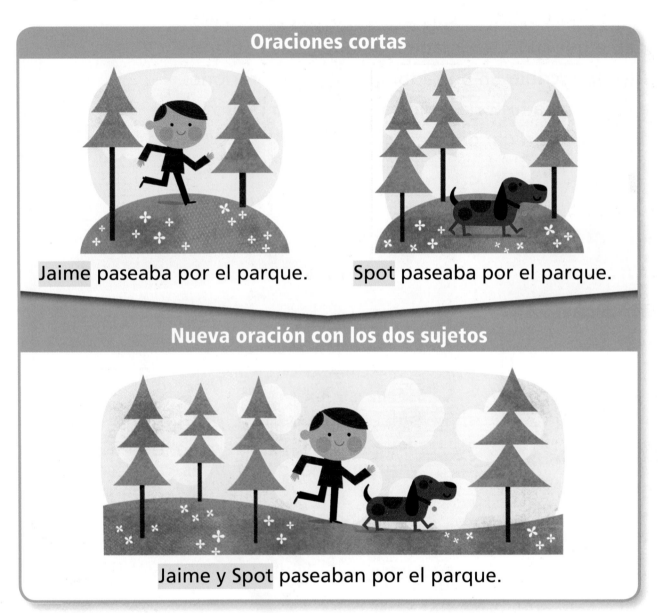

## Oraciones cortas

Jaime paseaba por el parque.

Spot paseaba por el parque.

## Nueva oración con los dos sujetos

Jaime y Spot paseaban por el parque.

## Relacionar la gramática con la escritura

Cuando revises tus oraciones, trata de unir oraciones que tengan el mismo predicado.

# Escribir para contar

**☑ Ideas** Cuando escribes una **historia verídica** sobre algo que ocurrió, tienes que dar detalles. Los detalles ayudan a que tu lector imagine de qué estás hablando.

Megan escribió un borrador con algunas oraciones para contar una historia verídica. Mira cómo revisó lo que escribió para agregar detalles.

## Lista de control de la escritura

**☑ Ideas**

¿Di detalles para contarle más cosas al lector?

**☑ Organización**

¿Conté los sucesos en un orden razonable?

**☑ Elección de palabras**

¿Usé palabras descriptivas?

**☑ Voz**

¿Suena lo que escribí como si yo hablara al contar la historia?

Lista de control de la escritura

## Borrador revisado

Mi amiga Lucy me regaló una hermosa
pulsera. La hizo ella. Dijo que era
con cuentas de muchos colores
una pulsera de la amistad. Cuando

me la pongo, pienso en Lucy, mi

mejor amiga.¡Me encanta mi pulsera!

# Un regalo

por Megan Stiles

Mi amiga Lucy me regaló una pulsera hermosa. La hizo ella con cuentas de muchos colores. Dijo que era una pulsera de la amistad. Cuando me la pongo, pienso en Lucy, mi mejor amiga. ¡Me encanta mi pulsera!

En mi redacción final agregué algunos detalles para hacerla más interesante.

## Leer como escritor

¿Cómo te ayudan las palabras que Megan agregó a imaginarte lo que está diciendo? ¿Dónde puedes agregar detalles a tu historia verídica?

mi familia
my family

Poesía sobre la familia

**VOCABULARIO CLAVE**

**acordarse**

**porche**

**corona**

**pasar**

**atascarse**

**visitar**

**primo**

**piano**

Librito de vocabulario

Tarjetas de contexto

# Vocabulario en contexto

- Lee cada **Tarjeta de contexto**.
- Escribe las palabras del vocabulario en orden alfabético.

### 1  acordarse

Mi familia siempre se acordaba de mi cumpleaños. Nunca lo olvidaré.

### 2  porche

La niña y su abuela se sentaron a conversar en el porche.

### 3 corona

El día de su cumpleaños, la niña tenía puesta una corona.

### 4 pasar

Pasamos todo el día al aire libre haciendo distintas cosas.

### 5 atascarse

Nuestro auto se atasca en el lodo cuando vamos al campo.

### 6 visitar

A nuestros abuelos les gusta mucho venir a visitarnos.

### 7 primo

El niño se encontró con sus primos en una fiesta familiar.

### 8 piano

El papá enseña a su hijo a tocar el piano, un instrumento musical.

# Contexto

✔ **VOCABULARIO CLAVE** **Visita familiar** ¿Qué ocurre cuando las familias se visitan? Algunas familias pasan gran parte del tiempo sentadas en el porche, conversando. Otras se reúnen alrededor del piano y cantan sus canciones favoritas. Muchas familias también se juntan para celebrar los cumpleaños. El cumpleañero o la cumpleañera puede llevar una corona ese día. Todos se acuerdan de esa visita por mucho tiempo. Nadie quiere faltar, no importa lo que ocurra, incluso si uno de los invitados se atasca en el tráfico y llega más tarde a la fiesta.

# Comprensión

## Comparar y contrastar

En *Mi familia*, descubrirás en qué se parecen y en qué se diferencian los miembros de la familia de Camila. Mientras lees, usa un diagrama de Venn como este para comparar y contrastar detalles de la familia de Camila y de la tuya.

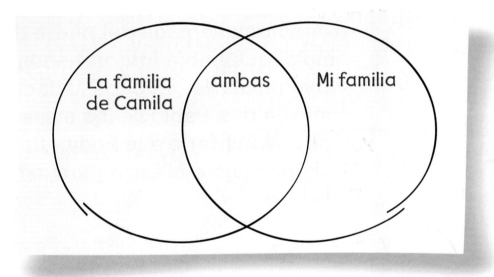

La familia de Camila | ambas | Mi familia

✔ **ESTRATEGIA CLAVE** ## Preguntar

Mientras lees, usa tu diagrama para hacer preguntas acerca de los aspectos en que se parecen y se diferencian los miembros de la familia de Camila. Las preguntas te ayudan a entender lo que lees.

## ✔ VOCABULARIO CLAVE

| | |
|---|---|
| acordarse | porche |
| corona | pasar |
| atascarse | visitar |
| primo | piano |

## ✔ DESTREZA CLAVE

**Comparar y contrastar**
Explica en qué se parecen
y en qué se diferencian
dos cosas.

## ✔ ESTRATEGIA CLAVE

**Preguntar** Haz
preguntas sobre lo
que estás leyendo.

### GÉNERO

Un **texto informativo**
da información basada en
hechos sobre un tema.

---

CONOCE AL AUTOR Y FOTÓGRAFO

# George Ancona

A George Ancona
suelen preguntarle
si sigue en contacto
con las personas a las
que fotografía. Y la
respuesta es: ¡Sí! No
hace mucho tiempo,
recibió una llamada del padre de un
niño al que había fotografiado para
*Pablo recuerda*. El papá lo llamó para
contarle que Pablo se iba a casar
y quería invitarlo a la boda. El Sr.
Ancona viajó a México para asistir
a la boda.

# Mi familia

por George Ancona

## Pregunta esencial

¿En qué se parecen y se diferencian las familias?

Yo soy Camila. Vivo en Miami con mi mamá, Damaris, mi papá, Roberto, y mi hermano, René. Mi mamá vino de Cuba. Mi papá vino de Puerto Rico.

Mi mamá y yo vamos juntas a la escuela,
porque ella enseña español ahí. Cuando estamos
en casa, me gusta ayudarla a cocinar.

A veces, cuando mi abuela Marta viene a visitarnos, me disfrazo y hago teatro para ella. Hoy me está enseñando una canción. Dice así:

*En alta mar, había un marinero,*
*que la guitarra gustaba de tocar.*
*Y cuando se acordaba de su patria querida,*
*tomaba la guitarra y poníase a cantar:*
*En alta mar, en alta mar, en alta mar.*
*[repetir]*

René es mi hermanito. Nuestros amigos y
familiares vienen a casa a celebrar su cumpleaños.
Jugamos, comemos y le cantamos "Feliz
cumpleaños".

**DETENTE Y PIENSA**
**Preguntar** ¿Qué preguntas podrías
hacerle a René sobre su fiesta de
cumpleaños?

Esta es mi familia: abuela Marta y abuelo
Rigoberto tuvieron cuatro hijos. Casi todos vinieron
al cumpleaños de René.

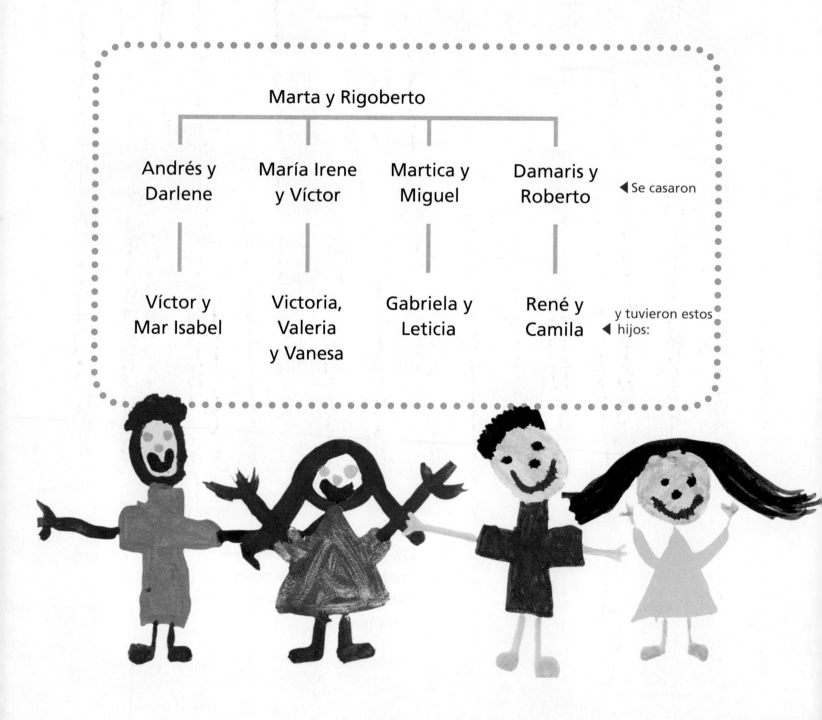

Marta y Rigoberto

| Andrés y Darlene | María Irene y Víctor | Martica y Miguel | Damaris y Roberto | ◄ Se casaron |

| Víctor y Mar Isabel | Victoria, Valeria y Vanesa | Gabriela y Leticia | René y Camila | ◄ y tuvieron estos hijos: |

Abuela vino con tía María Irene y Victoria. Tío
Andrés vino con Víctor y Mar Isabel. Tía Martica,
tío Miguel, Gabriela y Leticia también vinieron. La
casa se llenó enseguida.

Jugamos a varias cosas. Tía María Irene nos enseñó a jugar a la rayuela. La pequeña Leticia se puso una corona para bailar. Abuelo Rigoberto bailó con mi prima Mar Isabel.

Los domingos vamos a la iglesia con nuestra abuela.  Después de misa todos vamos a casa de tía Martica y tío Miguel.  Después del almuerzo tocamos música y cantamos.

Tío Miguel toca el contrabajo. Tío Andrés toca el violín. Tía Darlene toca el piano. Víctor toca el clarinete y Mar Isabel, la flauta.

**DETENTE Y PIENSA**
**Técnica de la autora** La música es una parte de la historia de Camila. ¿En qué parte de la historia aparece la música?

49

El resto del día lo pasamos en el patio. Los mayores juegan dominó, mientras tío Andrés cuenta historias divertidas. Gabriela y yo nos sentamos en el porche y pintamos con acuarela.

✔ **DETENTE Y PIENSA**

**Comparar y contrastar** ¿En qué se parecen y en qué se diferencian las actividades de los niños y de los mayores en esta página?

50

Lo que más me gusta es cuando papi nos lleva a
pescar. Mi anzuelo casi siempre se atasca en las rocas.
¡Qué ganas tengo de pescar mi primer pez!

# Es tu turno

## Visita familiar

**Hacer una lista**

¿Cómo sería pasar un día con Camila y su familia? Imagina que pudieras visitarlos. Haz una lista con tres cosas especiales que te gustaría hacer. Después, encierra en un círculo la que te gustaría hacer primero.

RESPUESTA PERSONAL

 ## Parecidas y diferentes

Trabaja con un compañero. Comenta en qué se parecen y en qué se diferencian las familias. Luego, piensa en cómo sería si todas las familias fueran parecidas. Comenta tus ideas.

COMPARAR Y CONTRASTAR

# poesía

✔ **VOCABULARIO CLAVE**

| | |
|---|---|
| acordarse | atascarse |
| porche | visitar |
| corona | primo |
| pasar | piano |

**GÉNERO**

En la **poesía** el sonido de las palabras crea imágenes y refleja sentimientos.

**ENFOQUE EN EL TEXTO**

El **ritmo** es el patrón musical de los sonidos.

# Poesía sobre la familia

En las familias hay padres, hermanos, hermanas, abuelos y quizás primos. Los familiares a veces vienen a visitarnos y pasamos un buen rato juntos. La autora de esta poesía se acordaba de esas reuniones familiares mientras escribía. Pon atención al ritmo de estos poemas mientras los lees.

## Todos dicen

Todos dicen,

que soy igual, igualita a mamá.

Todos dicen,

que soy clavadita a mi tía Naomi.

Todos dicen,

que tengo la nariz de mi papá.

Pero yo quiero parecerme a MÍ.

por Dorothy Aldis

# El regazo de abuelita

Sé de un lugar donde me puedo sentar
y hablar mucho de mi día,
de todos los colores que vi,
del gris oscuro al verde alegría.

Sé de un lugar donde me puedo sentar
y oír mi latido preferido:
su corazón y sus cuentos del ayer,
esos ritmos tan queridos.

Sé de un lugar donde me puedo sentar
y escuchar a una estrella,
escuchar su canción silenciosa
que de mí nunca se aleja.

Sé de un lugar donde me puedo sentar
a sentir el viento y ver la luna
que dan vueltas por mi casa
como dulce canción de cuna.

por Pat Mora

# ¿Qué es una familia?

¿Qué es una familia?

¿Quiénes son la familia?

O muchos, o unos pocos son una familia.

Pero haya diez o haya dos en tu familia,

¡todos ellos y tú son la familia!

por Mary Ann Hoberman

## Escribe un poema de la familia

¿Qué te gusta hacer con tu familia? ¿Cuentan cuentos en el porche? ¿Tocan el piano y cantan? Escribe un poema sobre tu familia. Trata de usar las palabras corona y atascado en tu poema.

# Hacer conexiones

 **El texto y tú**

**Elegir una actividad** ¿Qué actividad de *Mi familia* te gustaría hacer con un miembro de tu familia? Explica tu respuesta.

 **De texto a texto**

**Escribir sobre familias** ¿Qué tienen de especial las familias sobre las que has leído? Escribe un poema sobre lo que has aprendido de las familias. Agrega detalles que cuenten sobre tus sentidos.

 **El texto y el mundo**

**Conectar con los Estudios Sociales** La madre de Camila vino de Cuba. Su padre vino de Puerto Rico. Ahora su familia vive en Miami. ¿Dónde podrías buscar más información sobre estos lugares? Haz un plan.

# Gramática

**La oración** Una **oración** es un grupo de palabras en el cual hay dos partes: el **sujeto**, la persona, animal o cosa que hace algo, y el **predicado**, lo que hace el sujeto.

Un grupo de palabras que no tiene un sujeto y un predicado no es una oración, sino una **frase**.

**Lenguaje académico**

oración
sujeto
predicado
frase

| Sujeto | Predicado |
|--------|-----------|
| Ana | canta. |
| Mi hermano mayor | toca la batería. |

**Turnarse y comentar** **Trabaja con un compañero. Lee cada grupo de palabras en voz alta. Di cuáles son oraciones y cuáles son frases.**

1 Mi papá cocinó.

2 el cumpleaños de Javier

3 tres porciones de pastel

4 Ana y Guillermo bailaron.

**Fluidez de la oración** Cuando escribas, usa oraciones con sentido completo en lugar de frases. Así tu escritura será más clara.

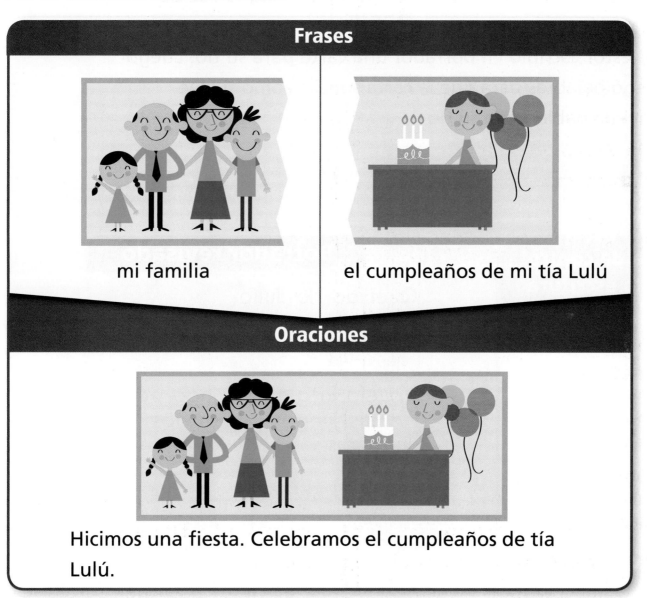

**Frases**

mi familia

el cumpleaños de mi tía Lulú

**Oraciones**

Hicimos una fiesta. Celebramos el cumpleaños de tía Lulú.

## Relacionar la gramática con la escritura

Cuando revises tu carta informal, halla frases que puedas convertir en oraciones, agregándoles un sujeto o un predicado.

# Escribir para contar

✓ **Voz** Cuando escribes una **carta amistosa,** la voz de tu carta, la forma como te expresas, demuestra cómo eres.

Néstor escribió en borrador una carta para su tío. Luego agregó palabras para que la carta sonara como si él le estuviera hablando a su tío.

## Lista de control de la escritura

✓ **Organización**
¿Usé las cinco partes de una carta amistosa? ¿Dije las cosas en orden?

✓ **Elección de palabras**
¿Dicen lo que siento mis palabras?

✓ **Voz**
¿Se nota que soy yo quien escribe?

✓ **Convenciones**
¿Puse las mayúsculas y la puntuación de la fecha, el saludo y el cierre correctamente?

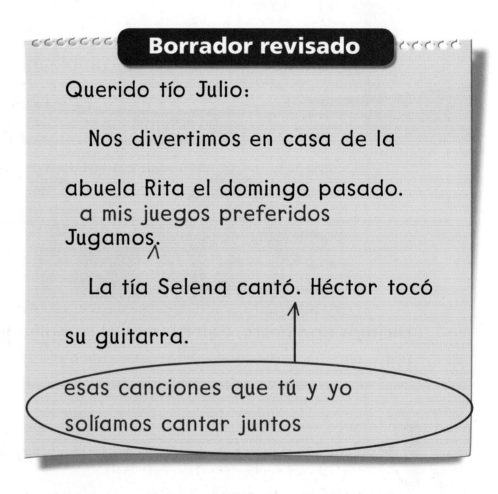

**Borrador revisado**

Querido tío Julio:

Nos divertimos en casa de la

abuela Rita el domingo pasado.
a mis juegos preferidos
Jugamos.
∧

La tía Selena cantó. Héctor tocó

su guitarra.

esas canciones que tú y yo
solíamos cantar juntos

24 de septiembre, 2011

Querido tío Julio:

Nos divertimos en casa de la abuela Rita el domingo pasado. Jugamos a mis juegos preferidos. Ojalá hubieras estado allí. La tía Selena cantó esas canciones que tú y yo solíamos cantar juntos.

Héctor tocó su guitarra. Quizás quieras venir la próxima vez que vayamos a la casa de la abuela Rita. ¡Te extraño!

Un abrazo,
Néstor

> **Agregué palabras para que mi carta sonara como soy yo y demostrara cómo me siento.**

## Leer como escritor

¿Qué agregó Néstor para hacerte saber cómo se siente? ¿Qué puedes agregar a tu carta para demostrar tus pensamientos y sentimientos?

## VOCABULARIO CLAVE

**bosque**

**atareado**

**ponerse**

**recoger**

**copa**

**sur**

**ardilla listada**

**crecer**

Librito de vocabulario

Tarjetas de contexto

# Vocabulario en contexto

● Lee cada **Tarjeta de contexto**.

● Habla sobre una ilustración. Usa una palabra del Vocabulario diferente de la que está en la tarjeta.

---

**1**

### bosque

Es divertido caminar por el bosque. Está lleno de árboles.

---

**2**

### atareado

Cuando estás atareado, tienes mucho que hacer.

### 3 ponerse

Estas hojas se pusieron rojas en el otoño. Cambiaron de color.

### 4 recoger

Este niño recogía manzanas del árbol en un manzanar.

### 5 copa

La copa de este árbol parece señalar al cielo.

### 6 sur

Muchos pájaros vuelan hacia el sur para pasar el invierno. El tiempo es más cálido allí.

### 7 ardilla listada

La ardilla listada tiene piel marrón con rayas blancas y negras.

### 8 crecer

A este perro le creció el pelaje de invierno. Este pelaje lo mantendrá abrigado.

# Contexto

✓ **VOCABULARIO CLAVE**
**Una estación con gran actividad**

En muchas zonas, el otoño es una época en la que todos están muy atareados. Comienza aun antes de que las primeras copas de los árboles cambien su color verde y se pongan marrones. Los pájaros vuelan hacia el sur para pasar el invierno. Se recogen manzanas y calabazas. En el bosque también hay mucha actividad. La ardilla listada almacena nueces. Algunos venados hasta pierden los cuernos que les crecen en la primavera.

# Comprensión

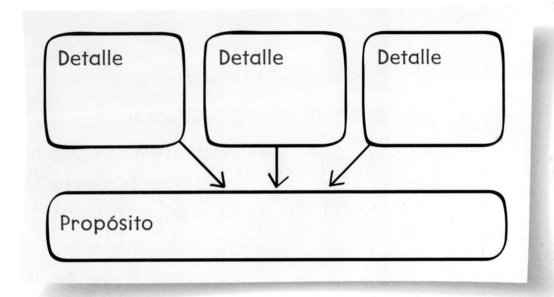

✔ **DESTREZA CLAVE** **Propósito de la autora**

La autora tiene un propósito para escribir *Henry y Mudge bajo la luna amarilla*. Mientras lees, llena un cuadro como el que aparece a continuación con detalles. Úsalos como claves para decidir por qué la autora escribió la selección.

Detalle   Detalle   Detalle

Propósito

✔ **ESTRATEGIA CLAVE** **Analizar/Evaluar**

Piensa bien en los detalles del cuento y en el propósito de la autora para escribir *Henry y Mudge bajo la luna amarilla*. Usa tus propias ideas para decidir si la autora ha hecho un buen trabajo al escribir este cuento.

| | |
|---|---|
| atareado | ponerse |
| ardilla listada | copa |
| sur | crecer |
| bosque | recoger |

### ✔ DESTREZA CLAVE

**Propósito de la autora**
Di por qué una autora o
un autor escribe un libro.

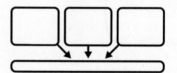

### ✔ ESTRATEGIA CLAVE

**Analizar/Evaluar** Di qué
opinas sobre el texto y
por qué.

**GÉNERO**
Una **ficción realista** es
un cuento que podría
suceder en la vida real.

**CONOCE A LA AUTORA**
# Cynthia Rylant

A Cynthia Rylant le encantan los
animales, por eso hallarás muchos
en sus libros. Le gusta pasear
con sus perros. "A veces tenemos
aventuras —dice—. Alguno se cae
en un lago o halla un mapache,
pero la mayoría de las veces hacemos caminatas
agradables y tranquilas".

**CONOCE A LA ILUSTRADORA**
# Suçie Stevenson

Suçie Stevenson ha hecho los
dibujos de la mayoría de los libros
de Henry y Mudge. De Jake, el
gran danés de su hermano, sacó la
idea para Mudge. Suçie Stevenson
lleva a sus perros a pasear por
la playa. Le gusta verlos nadar para alcanzar
pelotas.

# HENRY Y MUDGE
## bajo la luna amarilla

por Cynthia Rylant

ilustrado por Suçie Stevenson

traducido por Alma Flor Ada

## Pregunta esencial

¿Por qué un autor o autora escribiría un cuento?

# Juntos en el otoño

En otoño,
Henry y Mudge, su perro grande,
paseaban por el bosque.

A Henry le gustaba mirar
las copas de los árboles.
Le gustaban las hojas:
anaranjadas, amarillas, marrones y rojas.

A Mudge le encantaba olfatear la tierra.
Y le gustaban también las hojas.
Siempre se comía algunas.

✔️ **DETENTE Y PIENSA**
**Propósito de la autora** ¿Por qué
la autora muestra que Henry y
Mudge son buenos amigos?

En el otoño,
A Henry le gustaba contar los pájaros
que volaban hacia el sur.
A Mudge le gustaba
buscar ardillas listadas atareadas.

Como uno era un niño
y el otro un cachorro,
nunca hacían las cosas
exactamente de la misma
manera.

Henry recogía manzanas
y Mudge las lamía.

**DETENTE Y PIENSA**
**Técnica de la autora** ¿Por qué poner
las palabras "recogía" y "lamía" en la
misma oración la hacen divertida?

Henry se ponía un abrigo
y a Mudge, uno le crecía.
Y con el viento de otoño,
las orejas de Henry rojas se ponían
y las orejas de Mudge
hacia adentro se torcían.

Pero había entre ellos
algo siempre igual.
En el otoño,
a Henry y a Mudge les gustaba
estar juntos
ante todo.

**DETENTE Y PIENSA**
**Analizar/Evaluar** ¿Por qué crees que a Henry y a Mudge les gusta estar juntos en el otoño?

# Es tu turno

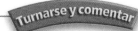 ## Un paseo por el bosque

### Dramatizar

Imagina que estás en el bosque en un día de otoño. ¿Qué harías? ¿Qué crees que verías u oirías? Dramatiza alguna de estas cosas. Pide a un compañero que adivine lo que haces, ves u oyes. Después, intercambien los roles.

PAREJAS

**Turnarse y comentar** ## Propósito de la autora

Piensa en por qué la autora escribió el cuento *Henry y Mudge bajo la luna amarilla.* Con un compañero, busca las palabras y los dibujos que muestran el propósito de la autora. Comparte tus ideas.

PROPÓSITO DE LA AUTORA

# Tecnología

Aventuras al aire libre

## ✓ VOCABULARIO CLAVE

| | |
|---|---|
| bosque | atareado |
| ponerse | recoger |
| copa | sur |
| ardilla listada | crecer |

### GÉNERO

Un **texto informativo** da datos sobre un tema.

### ENFOQUE EN EL TEXTO

Un **correo electrónico** es un mensaje que una persona envía a otra con una computadora. Mientras lees, busca las diferentes partes de un correo electrónico.

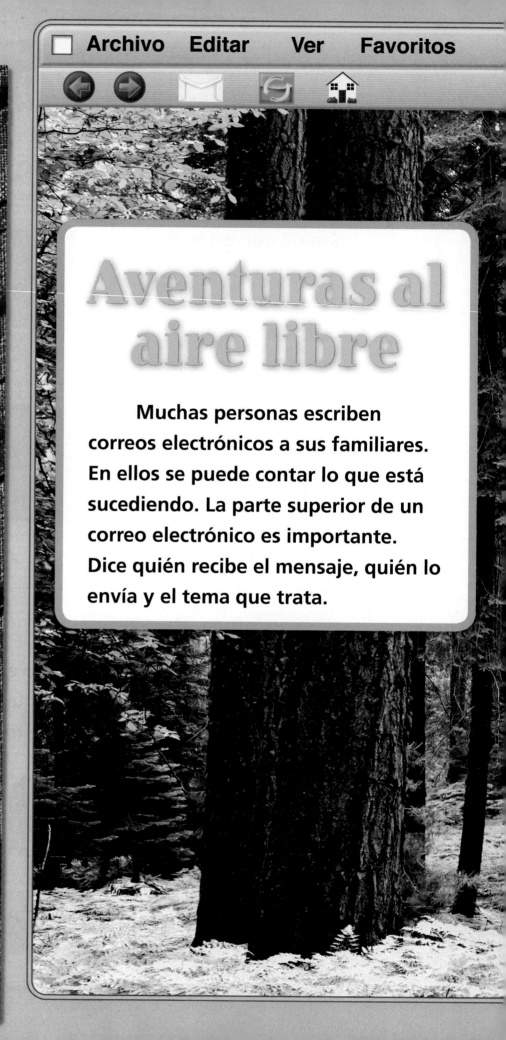

**Archivo   Editar   Ver   Favoritos**

# Aventuras al aire libre

Muchas personas escriben correos electrónicos a sus familiares. En ellos se puede contar lo que está sucediendo. La parte superior de un correo electrónico es importante. Dice quién recibe el mensaje, quién lo envía y el tema que trata.

Buscar

Para: Abuelita

De: Lola

Asunto: Búsqueda de animales

Querida abuelita:

Esta semana estamos muy atareados en la escuela. Todos los días vamos a caminar por el bosque. Hoy hallamos algunos animales. Vimos una ardilla listada almacenando bellotas para el invierno. Vi una liebre a la que ya le había crecido su pelaje de invierno. ¡Tenía piel muy gruesa! También vimos aves que volaban hacia el sur. Les saqué una foto para ti.

¡Escribe pronto!

Lola

**Los gansos vuelan formando una V. Se turnan para ir al frente. Esto les ayuda a volar por más tiempo.**

Para: Lola

De: Abuelita

Asunto:     Búsqueda de plantas

Querida Lola:

Los paseos que haces con la escuela parecen divertidos. Yo también he estado haciendo caminatas. Miro las plantas del bosque. Las copas de los árboles que estaban verdes se han puesto rojas. Las hojas no aguantan el invierno frío. Están comenzando a caerse. Recogí algunas para llevar a casa. Aquí tienes algunas fotos.

Hasta pronto,
Abuelita

Los árboles que tienen agujas no cambian de color. Pueden sobrevivir el invierno.

Cuando las hojas cambian de color, dejan de hacer alimento para el árbol.

# Hacer conexiones

 **El texto y tú**

**Comentar una actividad** A Henry y a Mudge les encanta caminar sobre las hojas. ¿Te gusta hacer lo mismo? Di qué te gusta y qué no te gusta de caminar sobre las hojas.

 **De texto a texto**

**Comparar y contrastar** Piensa en qué se parecen y se diferencian los dos cuentos de *Henry y Mudge* que leíste. Escribe oraciones que digan qué pasa en cada uno. Di en qué se parecen y se diferencian los ambientes.

 **El texto y el mundo**

**Conectar con las Ciencias** Da un paseo al aire libre por tu comunidad. Lleva papel de dibujo y un lápiz. Dibuja y rotula las cosas interesantes que veas. Haz una lista con las preguntas que tengas sobre algunas de ellas.

Hoja de arce

¿Qué hace que las hojas cambien de verde a rojo?

# Gramática

**Declaraciones y preguntas** Las preguntas y las declaraciones son tipos de **oraciones**. Una **declaración** afirma algo. Comienza con letra mayúscula y termina con un punto. Una **pregunta** interroga sobre algo. Comienza y termina con un signo de interrogación.

**Lenguaje académico**

oración
declaración
pregunta

| Declaraciones | Preguntas |
|---|---|
| Yo vivo cerca del bosque. | ¿Vives cerca del bosque? |
| Brenda está en el parque. | ¿Dónde queda el parque? |

**¡Inténtalo!** **Decide si cada oración es una declaración o una pregunta. Escribe cada oración correctamente.**

1. adónde te gusta ir de paseo

2. subimos a la colina

3. quién puede ir conmigo

4. llevaré mi chaqueta

**Fluidez de la oración** Usar diferentes tipos de oraciones le da más variedad a lo que escribes. Puedes convertir una declaración en una pregunta cambiando el orden de las palabras y agregando los signos de interrogación.

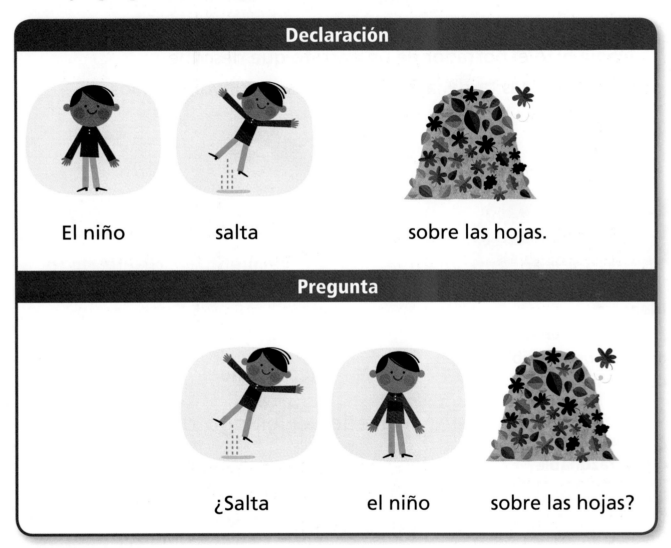

| Declaración | | |
| --- | --- | --- |
| El niño | salta | sobre las hojas. |

| Pregunta | | |
| --- | --- | --- |
| ¿Salta | el niño | sobre las hojas? |

## Relacionar la gramática con la escritura

Cuando revises el texto de tus descripciones, trata de usar diferentes tipos de oraciones para que lo que escribas sea más interesante.

# Escribir para contar

Puedes hacer una **descripción** más interesante cuando usas palabras que hablan de sensaciones, como olores, sonidos y sabores.

Nadia hizo el borrador de un párrafo que describe dónde vive. Más tarde, agregó palabras que involucran los sentidos.

## Lista de control de la escritura

✔ **Ideas**
¿Pensé en diferentes maneras de describir dónde vivo?

✔ **Organización**
¿Conté las cosas en un orden razonable?

✔ **Elección de palabras**
¿Usé palabras que involucran los sentidos para contar más?

✔ **Fluidez de la oración**
¿Usé diferentes clases de oraciones?

## Borrador revisado

pequeña        de un gran
                    verde            azul
Vivo en una casa cerca del lago.
          ∧        ∧        ∧        ∧

Me encanta nuestra casa. Se

puede ver el lago desde el porche.

~~El sol~~ entra por la ventana de mi
          ∧
Me encanta sentir el cálido sol cuando
dormitorio cada mañana.

# Mi casa

por Nadia Krimsky

Vivo en una pequeña casa verde cerca de un gran lago azul. Me encanta nuestra casa. Se puede ver el lago desde el porche.

Me encanta sentir el cálido sol cuando entra por la ventana de mi dormitorio cada mañana. ¿Saben qué me despierta? Los pájaros comienzan a piar. Huelo los panqueques que hace mi papá. ¡Son tan deliciosos que siempre pido más!

> Usé palabras que involucran los sentidos para decirle al lector más acerca de cómo son las cosas, cómo se sienten, cómo huelen, cómo suenan y cómo saben.

## Leer como escritor

¿Qué palabras que involucran los sentidos agregó Nadia?

¿Qué palabras que involucran los sentidos puedes agregar a tu historia?

✔ **VOCABULARIO CLAVE**

**insecto**

**peligroso**

**asustar**

**pegajoso**

**podrido**

**gritar**

**brisa**

**juzgar**

| Librito de vocabulario | Tarjetas de contexto |
|---|---|

# Vocabulario
## en contexto

● Lee cada **Tarjeta de contexto**.

● Haz una pregunta con una de las palabras del vocabulario.

**1** **insecto**

Las hormigas, las moscas y las abejas son insectos. Todos tienen seis patas.

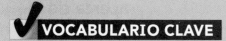

**2** **peligroso**

¡Cuidado! Las picaduras de abejas pueden ser peligrosas. Algunas personas se enferman.

### 3 asustar

Las cucarachas corren si se las asusta. Se espantan fácilmente.

### 4 pegajoso

La telaraña es pegajosa. Los insectos quedan atrapados y no pueden escapar.

### 5 podrido

Las moscas comen comida podrida o descompuesta.

### 6 gritar

Si ves una avispa, aléjate con cuidado. No corras ni te vayas gritando.

### 7 brisa

La brisa que soplaba abrió las cortinas de la ventana.

### 8 juzgar

Me pidieron que juzgara, o decidiera, qué muestra esta foto.

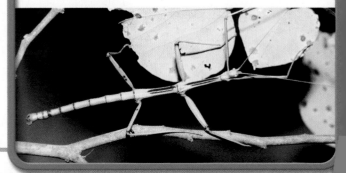

# Contexto

✔ **VOCABULARIO CLAVE** **Arañas** ¿Sabías que las arañas no son insectos? Las arañas tienen ocho patas y los insectos tienen seis. Algunas arañas tejen telas pegajosas para atrapar a sus presas. Las telarañas son tan fuertes que ni una brisa ni un viento fuerte pueden romperlas. Las arañas a veces asustan a la gente, que sale gritando al verlas. Aunque algunas pican, no es justo juzgar mal a todas porque la mayoría no son peligrosas. En general son una ayuda porque comen insectos, pero no comen cosas podridas.

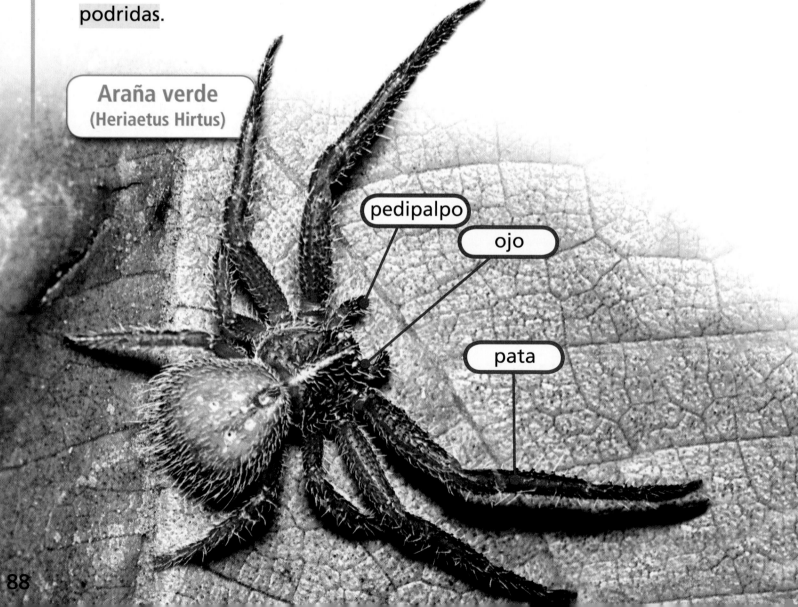

**Araña verde**
(Heriaetus Hirtus)

pedipalpo

ojo

pata

# Comprensión

## ✔ DESTREZA CLAVE  Causa y efecto

Hay gente que se asusta al ver una araña. Ver la araña y luego asustarse son dos sucesos relacionados. Verla es la causa. Asustarse es el efecto. Usa una tabla como esta para hacer una lista de causas y efectos del *Diario de una araña*. Cuenta qué pasa y por qué.

| Causa | Efecto |
|-------|--------|
|       |        |

## ✔ ESTRATEGIA CLAVE  Resumir

Usa la tabla como ayuda para resumir, o para volver a contar brevemente en tus propias palabras, algunos sucesos importantes y sus respectivas causas.

### VOCABULARIO CLAVE

| | |
|---|---|
| insecto | podrido |
| peligroso | gritar |
| asustar | brisa |
| pegajoso | juzgar |

### DESTREZA CLAVE

**Causa y efecto** Indica cómo un suceso hace que se produzca otro.

| | |
|---|---|
| | |

### ESTRATEGIA CLAVE

**Resumir** Al leer, detente y anota los sucesos más importantes del cuento.

### GÉNERO

Un **cuento humorístico** se escribe para hacer reír al lector.

**CONOCE A LA AUTORA**

## Doreen Cronin

En la oficina de Doreen Cronin se han establecido dos arañas, pero ella dice que no puede ni pensar en deshacerse de ellas. Además de *Diario de una araña*, ha escrito *Diario de un gusano* y *Diario de una mosca*.

**CONOCE AL ILUSTRADOR**

## Harry Bliss

Cuando Harry Bliss visita salones de clases, les pide a los estudiantes que hagan garabatos en el pizarrón. Luego convierte esos garabatos en un animal, un árbol o un personaje de historieta. Este juego ayuda a los niños a usar la imaginación.

# DIARIO
## DE UNA
## ARAÑA

**Por Doreen Cronin**
**Ilustrado por Harry Bliss**

**Pregunta esencial**

¿Qué puede causar cambios en un personaje de cuento?

# 1 DE MARZO

Hoy fue el Día de los Abuelos en la escuela, así que llevé al abuelo conmigo.

Él nos enseñó tres cosas:

1. Las arañas no son insectos: los insectos tienen seis patas.

2. Sin las arañas, los insectos dominarían el mundo.

3. Las mariposas tienen mejor sabor si les pones salsa de barbacoa.

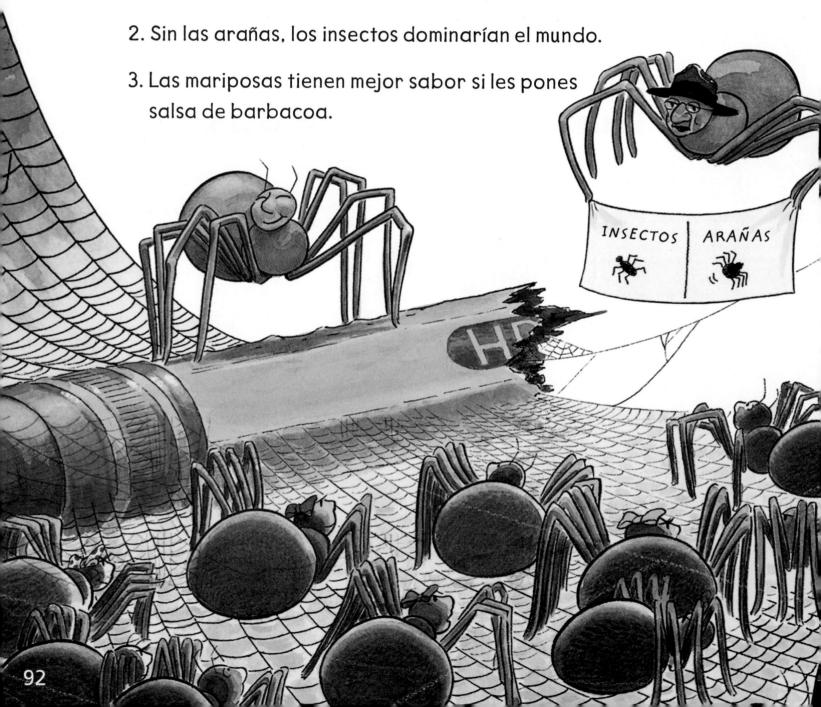

# 16 DE MARZO

El abuelo dice que en su época las moscas y las arañas
no se llevaban bien.

Hoy en día las cosas han cambiado.

# 29 DE MARZO

Hoy en la clase de gimnasia aprendimos a usar el viento para poder volar a lugares lejanos.

Cuando llegué a casa, hice tarjetas informativas para poder practicar:

1. Trepa alto.

2. Suelta la seda.

3. Aprovecha el viento.

Mosca hizo su propia tarjeta:

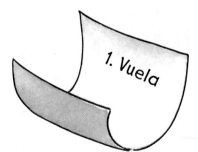

1. Vuela

Empiezo a entender por qué al abuelo no le cae bien Mosca.

**DETENTE Y PIENSA**
**Resumir** ¿Qué hace Araña para aprender a volar a lugares lejanos?

Nos subimos al columpio de llanta.

No funcionó.

Tejimos una red muy grande y pegajosa en la fuente de agua.

Eso sí funcionó.

¡AAAAAGG!

97

# 12 DE ABRIL

Hoy fue el Día de la Seguridad en la
escuela. Aprendimos que las aspiradoras
se comen las telarañas y que son muy, pero
muy peligrosas. Si oímos una aspiradora,
debemos detenernos,
dejarlo todo y correr.

Deja lo que estás
haciendo. Tírate
de la tela. Sal
disparando.

VELITAS

VELITAS

velitas
de
cumpleaños
40 ct.

# 13 DE ABRIL

Hoy tuvimos una práctica antiaspiradoras.
Dejé lo que estaba haciendo.

Me olvidé adónde iba.

Y salí gritando del salón.

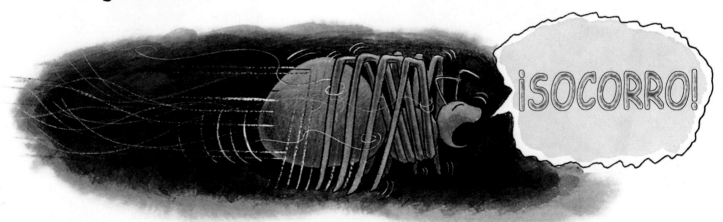

Vamos a tener otra práctica mañana.

# 17 DE ABRIL

Me voy a quedar a dormir en casa de Gusano esta noche. Espero que no tengan hojas y tomates podridos para la cena otra vez.

# 7 DE MAYO

Mamá me dijo que yo ya estaba demasiado grande para mi piel vieja. Así que mudé de piel.

¡Qué asco!

# 8 DE MAYO

Hoy fue día de mostrar y enseñar. Así que traje mi piel vieja. Mi maestra la llamó y le pidió que recitara el Juramento a la Bandera.

# 5 DE JUNIO

Papi Patas Largas se burló de Mosca porque ella come con las patas. Ahora Mosca no quiere salir de su casita del árbol.

¡Voy a buscarlo y a decirle un par de verdades!

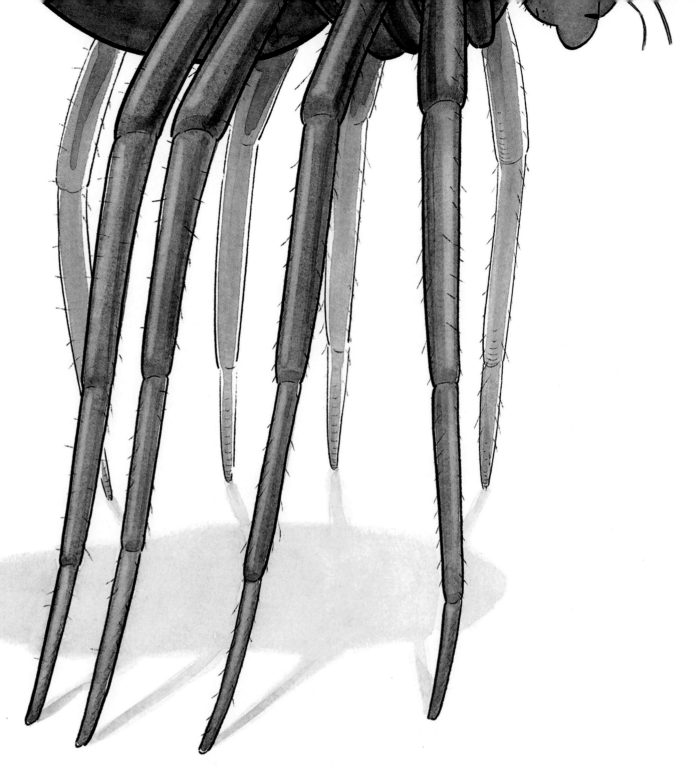

# 6 DE JUNIO

Hallé a Papi Patas Largas. Es mucho más grande de lo que yo pensaba.

Decidí darle una buena parte de mi almuerzo.

# 7 DE JUNIO

Hoy, el viento se llevó volando la casa del árbol de Mosca.

El abuelo también salió volando.

# 18 DE JUNIO

Hoy recibí una tarjeta postal del abuelo:

Querida Araña:
¡O-la-lá!
¡Llegué a París!
Los insectos franceses son deliciosos.

Au revoir,
Abuelo

Aprende francés gratis
¡Pruébalo!

Araña
Calle Telaraña 5
Villaraña
05400
EE.UU.

# 30 DE JUNIO

El abuelo regresó a casa hoy. Yo quería saber cómo le fue volando al viento, ¡por todo el océano!

Lo que pasó fue que en una brisa llegó al aeropuerto y durmió en primera clase.

# 2 DE JULIO

Hoy Mosca vino a jugar conmigo. Quedó atrapada en nuestra telaraña y su mamá tuvo que venir a buscarla.

El abuelo se rió un poco fuerte.

De ahora en adelante, vamos a tener que jugar en casa de Mosca.

# 9 DE JULIO

Hoy fue mi cumpleaños. El abuelo decidió que yo ya tenía edad como para saber el secreto de una vida larga y feliz:

Nunca te quedes dormido dentro de un zapato.

# 16 DE JULIO

Yo asusto a:

1. la mamá de Mosca

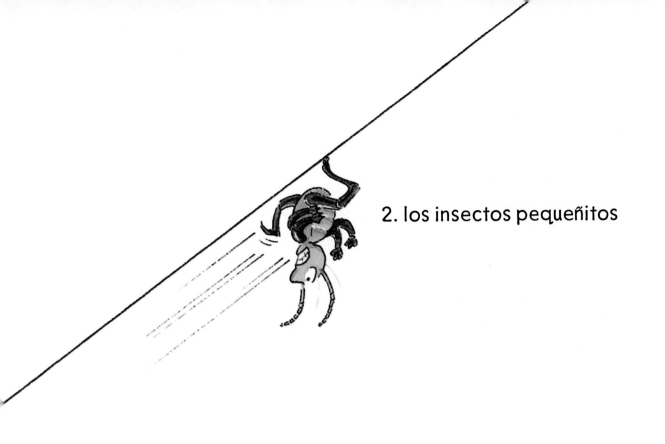

**2. los insectos pequeñitos**

**3. la gente que bebe agua en los parques**

# 17 DE JULIO

Cosas que me asustan:

1. Papi Patas Largas

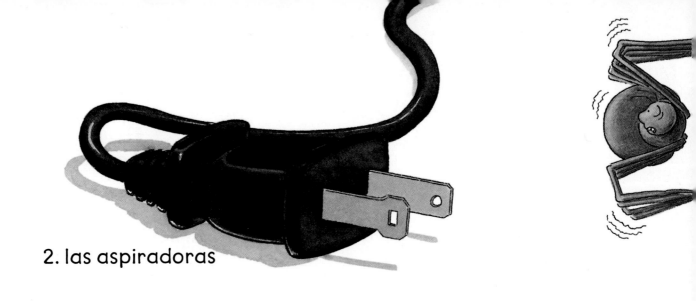

2. las aspiradoras

3. la gente con pies grandes

# 1 DE AGOSTO

Me gustaría que la gente no juzgara mal a todas las arañas solo porque algunas pican.

Sé que si llegáramos a conocernos, nos llevaríamos bien.

Al igual que Mosca y yo.

**DETENTE Y PIENSA**
**Técnica de la autora** Este cuento es divertido porque Araña parece una persona. ¿Cómo hace la autora para convencernos de que puede serlo?

Trepadero para arañas

## Querido diario

**Escribir una entrada de diario**

Si pudieras ser una araña por un día, ¿qué harías?
Escribe una entrada de diario sobre tu día como araña.
Comienza la primera oración con
"*Hoy*, _____." Haz dibujos
que acompañen tus oraciones.
RESPUESTA PERSONAL

## Hacer amigos

Turnarse y comentar

Al final del cuento, Araña aprendió muchas cosas
importantes. ¿Qué sucesos del cuento hacen que pase
esto? Trabaja con un compañero.
Escribe una lista de detalles del
cuento que muestran cómo Araña
aprende esas lecciones. CAUSA Y
EFECTO

1. Araña va a la escuela.
2.

## cuentos tradicionales

### ✔ VOCABULARIO CLAVE

| | |
|---|---|
| insecto | podrido |
| peligroso | gritar |
| asustar | brisa |
| pegajoso | juzgar |

### GÉNERO

Una **fábula** es un cuento corto en el que un personaje aprende una lección.

### ENFOQUE EN EL TEXTO

La **moraleja** de una fábula es la lección que aprende el personaje.

# LA GOLONDRINA Y LA ARAÑA

UNA FÁBULA DE ESOPO

versión de Sheila Higginson

### Personajes

**Narrador** **Araña** **Golondrina**

---

**Narrador:** Una araña estaba sentada en su pegajosa tela, esperando su cena.

**Araña:** Espero que pase pronto por aquí algún insecto.

**Narrador:** La araña oyó el zumbido de unas moscas flotando en la brisa.

**Golondrina:** ¡Qué moscas más jugosas!

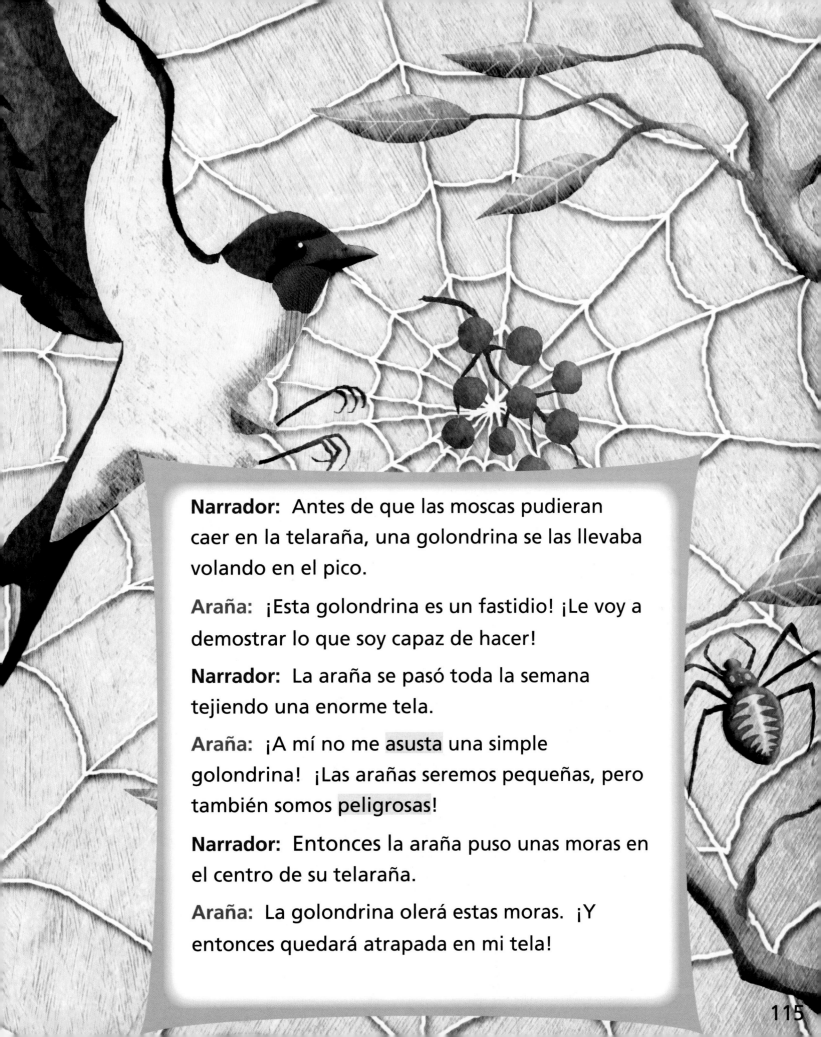

**Narrador:** Antes de que las moscas pudieran caer en la telaraña, una golondrina se las llevaba volando en el pico.

**Araña:** ¡Esta golondrina es un fastidio! ¡Le voy a demostrar lo que soy capaz de hacer!

**Narrador:** La araña se pasó toda la semana tejiendo una enorme tela.

**Araña:** ¡A mí no me asusta una simple golondrina! ¡Las arañas seremos pequeñas, pero también somos peligrosas!

**Narrador:** Entonces la araña puso unas moras en el centro de su telaraña.

**Araña:** La golondrina olerá estas moras. ¡Y entonces quedará atrapada en mi tela!

115

**Narrador:** La araña miró y esperó, esperó y miró.

**Golondrina:** Huelo algo delicioso. ¡Esas moras están ahí esperándome!

**Araña:** ¡Esas moras no son para ti! ¡No te las comas! ¡Están podridas!

**Narrador:** La golondrina bajó en picada hacia las moras y atravesó la telaraña como si nada. Ni siquiera oyó a la araña gritando de rabia.

**Araña:** Si juzgara cuál es mi talento, diría que soy buena haciendo telarañas para atrapar insectos, pero no para atrapar pájaros. Volveré a mi tela a esperar que caiga una jugosa mosca.

**Narrador:** La moraleja de esta historia es: "Una persona sabia no intentará hacer algo de lo que no es capaz".

# Hacer conexiones

### El texto y tú

**Final diferente** Piensa en qué otro final podría tener *La golondrina y la araña*. Escribe el final en forma de diálogo y represéntala con un compañero.

### De texto a texto

**Comparar y contrastar** *Diario de una araña* y *La golondrina y la araña* tratan de arañas. ¿En qué se parecen y en qué se diferencian? Haz una lista.

### El texto y el mundo

**Conectar con las Ciencias** Haz un cartel que enseñe a tus compañeros sobre las arañas reales. Usa los dos cuentos que leíste o libros de ciencias como ayuda.

# Gramática

**¿Qué es un sustantivo?** Un **sustantivo** es una palabra que nombra a una persona, un animal, un lugar o una cosa.

| Personas | Animales |
|----------|----------|
| abuelo | araña |
| niña | pájaro |
| amigo | mosca |

| Lugares | Cosas |
|---------|-------|
| casa | aspiradora |
| teatro | libro |
| parque | tomate |

**Turnarse y comentar** **Lee las oraciones con un compañero. Identifica los sustantivos y di si son personas, animales, lugares o cosas.**

1. Tengo un columpio en mi patio.

2. Hay una mosca en la sopa.

3. Mi amigo tiene un perro.

4. Mi mamá está en su cuarto.

**Elección de palabras** Cuando escribas, usa sustantivos precisos para que el lector pueda hacerse una mejor idea de lo que quieres decir.

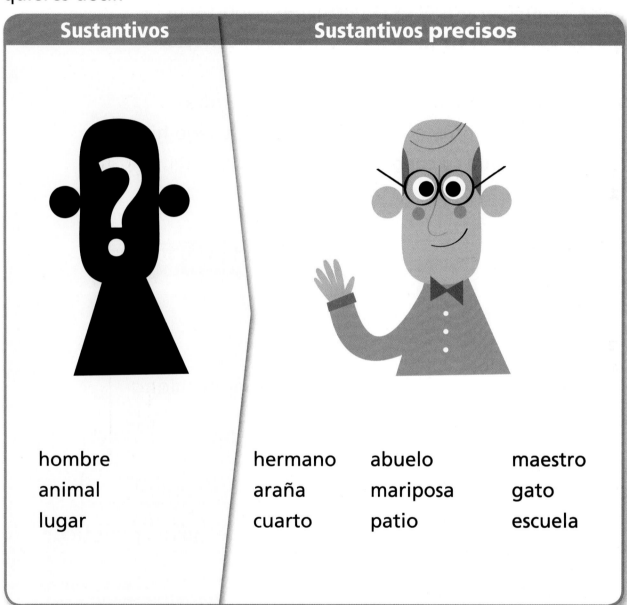

| Sustantivos | Sustantivos precisos | | |
|---|---|---|---|
| hombre | hermano | abuelo | maestro |
| animal | araña | mariposa | gato |
| lugar | cuarto | patio | escuela |

## Relacionar la gramática con la escritura

**Cuando revises tu borrador, reemplaza los sustantivos generales que encuentres por sustantivos precisos.**

# Escribir para contar

**✓ Ideas** La idea principal es la parte más importante de un **cuento verídico.** En tu cuento, todo debe conectarse con la idea principal.

Raj hizo una lista de ideas para su cuento verídico. Decidió cuál de ellas ofrecería el mejor cuento. Luego hizo una red de ideas para su cuento verídico.

## Lista de control del proceso de escritura

▶ **Preparación para la escritura**

✓ ¿Cuál es la idea más importante de mi cuento?

✓ ¿Qué detalles cuentan lo que sucedió?

✓ ¿Todas las partes del cuento se conectan con la idea principal?

✓ ¿Hay algo que no pertenece?

**Hacer un borrador**

**Revisar**

**Corregir**

**Publicar y compartir**

## Explorar un tema

el básquetbol

el gato de mi hermana

los videojuegos

yo en la silla del autor

por qué no me gusta practicar piano

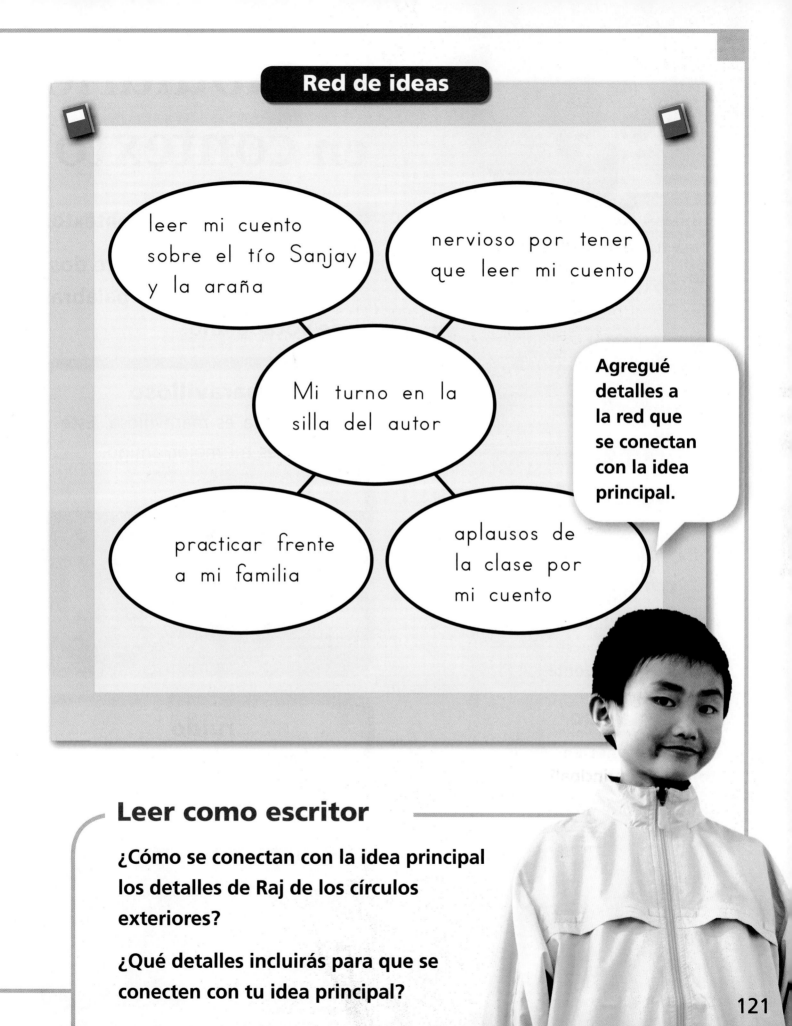

# Red de ideas

leer mi cuento sobre el tío Sanjay y la araña

nervioso por tener que leer mi cuento

Mi turno en la silla del autor

practicar frente a mi familia

aplausos de la clase por mi cuento

Agregué detalles a la red que se conectan con la idea principal.

## Leer como escritor

¿Cómo se conectan con la idea principal los detalles de Raj de los círculos exteriores?

¿Qué detalles incluirás para que se conecten con tu idea principal?

121

Las mascotas de la maestra
por Gayle Ann Dodds  Ilustrado por Marylin Hafner

Conoce Westburg ¡en autobús!

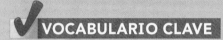
### VOCABULARIO CLAVE

**maravilloso**

**ruido**

**tranquilo**

**echar**

**compartir**

**notar**

**alertar**

**sin aviso**

Librito de vocabulario

Tarjetas de contexto

# Vocabulario en contexto

● Lee cada **Tarjeta de contexto**.

● Cuenta un cuento sobre dos de las fotos. Usa las palabras de vocabulario.

**1**
## maravilloso
Mi mascota es maravillosa. Este perrito es mi mejor amigo.

**2**
## ruido
Los perros pueden escuchar los ruidos desde muy lejos.

### 3 tranquilo

Un lagarto es una mascota muy tranquila. No hace ruido.

### 4 echar

La niña echó un poco de comida en la pecera.

### 5 compartir

Los gatitos no tienen problema en compartir la comida.

### 6 notar

Este conejo notó que le ofrecí una zanahoria.

### 7 alertar

El sonido de mis pasos alertó a estos cachorritos.

### 8 sin aviso

Un loro podría sorprendernos al hablar sin aviso.

# Contexto

**Las mascotas de la clase** ¿Qué animal sería la mascota más tranquila para compartir con la clase? No pueden ser pájaros. Los pájaros hacen mucho ruido. La clase puede estar en silencio y, sin aviso, un pájaro se pondría a cantar. Tampoco pueden ser conejitos de la India. Cuando corren, las rueditas chillan y las jaulas se sacuden. Lo más silencioso es tener peces. Un pez es una mascota maravillosa. Los peces son tan silenciosos que ni siquiera se nota que están allí. Solo hay que echar alimento en la pecera y alertar a alguien si hay cambios en el agua.

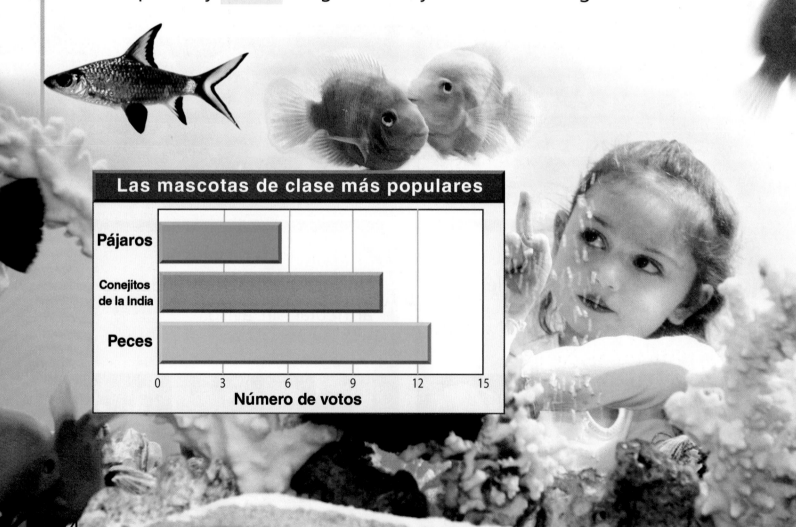

**Las mascotas de clase más populares**

Pájaros

Conejitos de la India

Peces

0    3    6    9    12    15

**Número de votos**

# Comprensión

**Estructura del cuento**

¿Dónde ocurre el cuento *Las mascotas de la maestra* y quiénes aparecen en él? ¿Qué problema tiene que afrontar un personaje y cómo lo resuelve? Usa un mapa del cuento como este para anotar los detalles del ambiente, personajes y trama del cuento.

| Personajes | Ambiente |
|---|---|
| Trama | |

✔ ESTRATEGIA CLAVE **Visualizar**

Visualizar, o crear una imagen mental, hace los cuentos más vívidos. Usa detalles del cuento para visualizar qué ocurre en distintos momentos.

*Las mascotas de la maestra*
por Dayle Ann Dodds · ilustrado por Marylin Hafner

### ✔ VOCABULARIO CLAVE

| | |
|---|---|
| maravilloso | compartir |
| ruido | notar |
| tranquilo | alertar |
| echar | sin aviso |

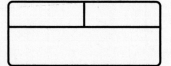

### ✔ DESTREZA CLAVE

**Estructura del cuento**
Indica el ambiente, los personajes y la trama de un cuento.

### ✔ ESTRATEGIA CLAVE

**Visualizar** Imagina qué sucede mientras lees.

### GÉNERO

Un cuento de **ficción realista** podría suceder en la vida real. Establece un propósito de lectura para este género.

**CONOCE A LA AUTORA**

# Dayle Ann Dodds

Dayle Ann Dodds recibió un premio muy importante en el año 2007. Su libro, *Las mascotas de la maestra*, fue leído en los jardines de la Casa Blanca en la búsqueda anual de huevos de pascua.

**CONOCE A LA ILUSTRADORA**

# Marylin Hafner

Los lectores de la revista *Ladybug* conocen muy bien a Marylin Hafner, a Molly y a su gato Emmett. Marylin Hafner se divierte creando sellos de goma con dibujos de niños o animales.

# Las mascotas de la maestra

por **Dayle Ann Dodds**

ilustrado por **Marylin Hafner**

## Pregunta esencial

¿Qué claves te dicen dónde y cuándo ocurre el cuento?

127

El lunes era el día de compartir en la clase de la señorita Fry.

—Traigan algo especial —nos alertó la señorita Fry.

—¿Podemos compartir una mascota? —preguntó Winston.

—Sí —dijo la señorita Fry—. Pero solo por el día.

El lunes, Winston trajo un gallo.

—Yo lo llamo Red. Come maíz y canta. Los vecinos dicen que canta demasiado.

—Qué mascota tan maravillosa —dijo la señorita Fry—. Nos alegra que nos visite hoy.

Pero esa tarde, una vez que todos los niños se habían ido,
Red estaba todavía sentado en su jaula cerca del escritorio de
la señorita Fry.

Ella echó maíz en el plato de Red, cerró la puerta y se fue a su casa pequeña y tranquila.

El martes, Winston le dijo a la señorita Fry:

—Los vecinos quieren saber si Red puede quedarse en la escuela por un tiempo.

—Por supuesto —dijo la señorita Fry—. Qué suerte tenemos.

El lunes siguiente era el turno de Patrick.

—Mi tarántula se llama Vincent. Le gusta comer insectos y esconderse en las pantuflas de mi mamá.

—Qué mascota tan maravillosa —dijo la señorita Fry—. No te olvides de llevarte a Vincent al final del día.

**DETENTE Y PIENSA**
**Técnica de la autora** La señorita Fry repite algunas cosas. ¿Qué nos quiere decir de ella la autora?

Pero esa tarde, una vez que los niños se habían ido, Vincent estaba todavía en su tarro en el escritorio de la señorita Fry.

Ella le dio un insecto grande y jugoso, echó maíz en el plato de Red, cerró la puerta y se fue a su casa pequeña y tranquila.

El martes, Patrick le dijo a la señorita Fry:

—Mi mamá dice que a Vincent le gustan demasiado las pantuflas. Queremos saber si puede quedarse en la escuela por algunos días.

—Por supuesto —dijo la señorita Fry—. Qué suerte tenemos.

La semana siguiente, Roger trajo su grillo.

—Su nombre es Nochero —dijo Roger—. Come hojas del jardín y canta cricrí toda la noche.

—Qué mascota tan maravillosa —dijo la señorita Fry.

Esa tarde, una vez que todos los niños se habían ido, la señorita Fry notó que Nochero seguía en su jaula sobre la mesa. La señorita Fry miró a Nochero. Parecía que él le sonreía.

—Bienvenido a nuestra clase, Noch.

✔ **DETENTE Y PIENSA**
**Estructura del cuento** ¿Cómo inicia Winston un gran cambio en el salón de clases de la señorita Fry?

Ahí mismo, Nochero dio una voltereta en el aire.

—¡Bravo! —dijo la señorita Fry.

Le dio hojas frescas a Nochero, un insecto grande y jugoso a Vincent y echó maíz en el plato de Red. Cerró la puerta y se fue a su casa pequeña y tranquila. Al otro día, Roger le dijo a la señorita Fry:

—Mi mamá dice que Nochero canta demasiado.

—Puede quedarse cuanto quiera —dijo la señorita Fry.

Y así continuó.

Alia trajo su mascota, una cabra llamada Gladys. Balaba *¡Beee!* y se comía la tarea de la hermana de Alia.

Amanda compartió su mascota con la clase, un perro salchicha. Le gustaba morder huesos y las almohadas del sofá de su tía Julia.

Jerry trajo su mascota, una boa constrictor. No hacía ruido alguno. Nadie sabía qué le gustaba comer, pero Jerry dijo que el pez exótico y carísimo de su papá había desaparecido un día sin aviso.

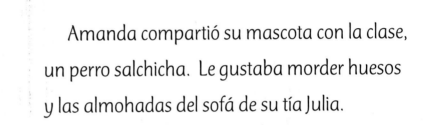

137

Llegaron el gato de Megan,

los ratones de Mitchell,

los patos de Daniel

y la iguana de Tom.

La rana de Frankie,

el mono de Lily,

la tortuga de Terrence . . .

139

y algo cuadrado y velludo que trajo Avery.

—Parece una esponja de lavar platos —dijo Bruce—.
Una esponja muy vieja.

—Es mi mascota —dijo Avery, y eso fue todo.

En poco tiempo, del salón de clases de la señorita Fry salían los ruidos felices de las mascotas de los niños.

**DETENTE Y PIENSA**
**Visualizar** Todos los ruidos de los animales se oyen a la vez en el salón de clases de la señorita Fry. ¿Qué te imaginas que está sucediendo ahí?

En la Noche de los Padres de Familia, las mamás y los papás se pasearon por el salón de clases con los rostros sonrientes.

—¿No les parece estupendo —dijeron— que a la señorita Fry le gusten tanto las mascotas?

Solo el grillo de Roger estaba callado en su caja.

—¿Extrañas tu jardín? —preguntó la señorita Fry.

—Cricrí —dijo Nochero suavemente y se metió debajo de una de sus hojas verdes y brillantes.

cricrí

143

El último día de clases, la clase de la señorita Fry
tuvo una fiesta con globos, sombreros y helado.

—Adiós, niños —dijo en voz alta la señorita Fry—.
Que pasen un buen verano… *y no olviden*

# ¡llevarse sus mascotas a casa!

Los niños desaparecieron uno a uno y, con ellos, sus mascotas.

—No hay más mascotas —dijo la señorita Fry.

Observó el salón, ya en silencio y vacío. Luego, la señorita Fry vio una caja en su escritorio.

La abrió y una carita la miraba. Casi parecía sonreírle.

Una nota en la caja decía:

QUERIDA
SEÑORITA FRY:
POR FAVOR
CUIDE
A NOCHERO.
ÉL LA QUIERE
MÁS A USTED.
ROGER

—Qué suerte tengo —dijo la señorita Fry.

Nochero dio una voltereta en el aire.

La señorita Fry llevó a la mascota a su casa
pequeña y tranquila y lo puso en el jardín, en el
arco iris de las rosas.

Esa noche, la señorita Fry abrió su ventana. Se acomodó en su cama y apagó la lámpara.

A la luz de la luna, entró un sonido feliz desde el jardín.

# Es tu turno

 ## Desfile de mascotas

### Hacer una máscara

Piensa en las mascotas que los niños de la clase de la señorita Fry llevaron a la escuela. ¿Cuál es la que más te gusta? Haz una máscara de ese animal con un plato de cartón. En grupos pequeños, túrnense para decir por qué eligieron ese animal. Luego, hagan un desfile de animales con toda la clase. GRUPO PEQUEÑO

 ## Comentar el escenario

¿Dónde ocurre la mayoría de los sucesos del cuento *Las mascotas de la maestra*? Observa la primera página del cuento con un compañero. Halla pistas sobre el escenario del cuento usando la ilustración y las palabras. Comenta lo que hallaste. ESTRUCTURA DEL CUENTO

Bienvenidos a 2° grado

# Estudios Sociales

✔ **VOCABULARIO CLAVE**

| | |
|---|---|
| maravilloso | compartir |
| ruido | notar |
| tranquilo | alertar |
| echar | sin aviso |

### GÉNERO

Un **texto informativo** nos entrega datos sobre un tema. Este es un panfleto.

### ENFOQUE EN EL TEXTO

Un **mapa** es un dibujo de una ciudad, un estado u otro lugar.

# Conoce Westburg ¡en autobús!

AUTOBÚS

## ¡Bienvenido a Westburg!

La mejor manera de conocer la ciudad es con el autobús 33. Se toma frente al Centro de Información. Este panfleto tiene un mapa con números para ayudarle a descubrir nuestra maravillosa ciudad verde. Cuando termine su visita, por favor, eche el panfleto en uno de los muchos contenedores de reciclaje.

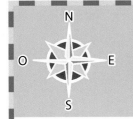

RÍO LA PLATA

Calle Independencia

Calle Providencia

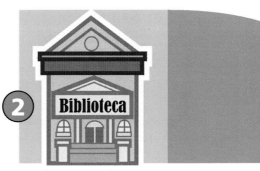

**2** Biblioteca

Avenida Alameda

**1**

Centro de
información

Calle Serrano

**3**

Parque El Verdor

---

**1** **Centro de información**

El Centro tiene panfletos con mapas que lo **alertarán** de los eventos que puede **compartir** con su familia.

**2** Biblioteca

La biblioteca pública está en la Avenida Alameda. La sala de niños es **tranquila**, **sin ruido**, y tiene libros, computadoras, juegos y películas.

**3** Parque El Verdor

Cruzando la Avenida Alameda hay un parque. Allí la gente va a caminar, jugar o ver alguna función de las que a veces hay **sin aviso**.

---

**Leyenda**

río           línea de autobús           puente

151

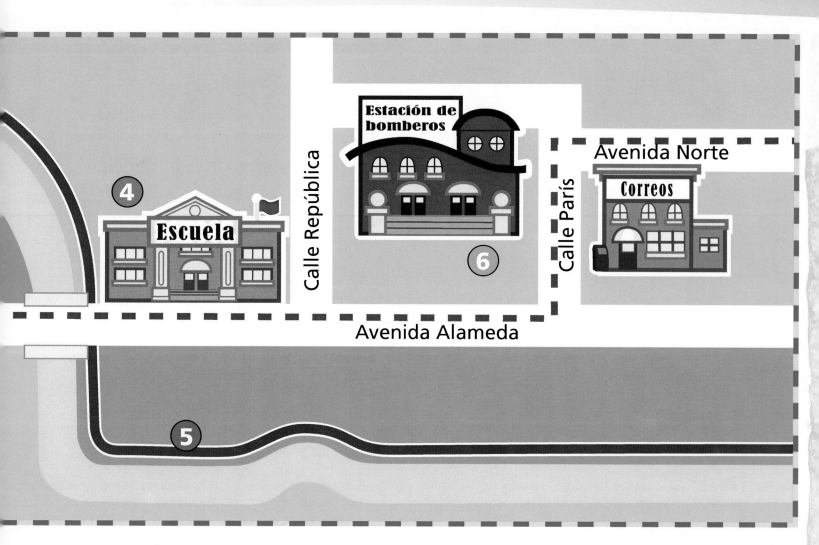

**Escuela**

Calle República

**Estación de bomberos**

Avenida Norte

Calle París

**Correos**

Avenida Alameda

**4 Escuela**

Pasamos por el puente sobre el río La Plata. Al cruzar, verá a la izquierda la Escuela Primaria Chávez.

**5 Ruta de bicicletas**

A orillas del río La Plata hay una ruta de bicicletas. Note cómo la ruta sigue las curvas del río. ¡Es una vista impresionante!

**6 Estación de bomberos**

Si de golpe se oye la sirena, un camión de bomberos o una ambulancia puede salir ¡volando al rescate!

# Hacer conexiones

## El texto y tú

**Escribir sobre la escuela** Si fueras estudiante de la clase de la señorita Fry, ¿qué mascota llevarías a la escuela? Escribe tus ideas para explicarlas. Coméntalas con un compañero.

## De texto a texto

**Conectar con las Matemáticas** ¿Preferirías pasar un día en el salón de la señorita Fry o en Westburg? Pide a todos los estudiantes de tu clase que voten. Anota los votos en un cuadro y calcula la diferencia.

| Clase de la Srta. Fry | Westburg |
|---|---|
| ||||  | |||| |
|  | |||| |

## El texto y el mundo

**Investigar sobre animales** Elige una mascota de *Las mascotas de la maestra* sobre la que te gustaría saber más. Investiga cómo se cuida ese tipo de mascota.

# Gramática

**Sustantivos masculinos y femeninos**

Los sustantivos pueden ser **masculinos** o **femeninos.** Generalmente, los sustantivos que terminan en -*o* son masculinos. Los que terminan en -*a* son femeninos. Los sustantivos que terminan en consonante o en -*e* pueden ser masculinos o femeninos.

**Lenguaje académico**

sustantivo masculino
sustantivo femenino

| Sustantivos masculinos | Sustantivos femeninos |
| --- | --- |
| el zoológico | la tortuga |
| el profesor | la canción |
| el estudiante | la estudiante |

**Turnarse y comentar** **Trabaja con un compañero. Lee las oraciones en voz alta. Identifica los sustantivos masculinos y los sustantivos femeninos.**

❶ Vi un elefante en el zoológico.

❷ Mi amiga tiene un gato y una ardilla.

❸ El pájaro está en el nido.

❹ Mi mascota está en la jaula.

**Convenciones**  Haz una lista de cinco sustantivos masculinos y cinco sustantivos femeninos. Consulta el diccionario si es necesario.

### Sustantivos masculinos y femeninos

¿Es una rana o un renacuajo?

Es una rana.

## Relacionar la gramática con la escritura

**Cuando revises tu borrador, asegúrate de haber escrito los sustantivos masculinos y femeninos correctamente.**

# Escribir para contar

☑ **Fluidez de la oración**   Cuando escribas un **cuento verídico,** usa palabras que indiquen orden cronológico para que el lector sepa cuándo ocurrieron los sucesos.

Raj hizo el borrador de un cuento sobre el día que leyó en clase. Después, agregó palabras que indican orden cronológico para explicar cuándo ocurrieron los sucesos.

## Lista de control del proceso de escritura

**Preparación para la escritura**

**Hacer un borrador**

▶**Revisar**

☑ ¿Tiene mi cuento un principio, un medio y un final?

☑ ¿El principio logra que el lector quiera leer más?

☑ ¿Usé palabras de orden cronológico al contar los sucesos?

☑ ¿El final cierra los sucesos?

**Corregir**

**Publicar y compartir**

## Borrador revisado

La semana pasada,
 Era mi turno en la silla del
 ∧

autor. Elegí un cuento sobre

el tío Sanjay y la araña.
Al principio,
 Estaba nervioso. Practiqué
 ∧              ∧
 Después,
delante de mi familia.

# Mi día en la silla del autor

### por Raj Bhatti

La semana pasada, era mi turno en la silla del autor. Elegí un cuento sobre el tío Sanjay y la araña. Al principio, estaba nervioso. Después, practiqué delante de mi familia. Al final, leí el cuento en clase. Leí la parte en que el tío Sanjay gritaba cuando veía a la araña. La clase se rió.

> Usé palabras que indican orden cronológico para explicar cuándo ocurrieron los sucesos.

## Leer como escritor

¿Qué palabras que indican orden cronológico usa Raj para explicar cuándo ocurrieron los sucesos? ¿Qué palabras que indican orden cronológico puedes agregar a tu cuento verídico?

Lee estas dos selecciones. Piensa en el orden de los sucesos de cada selección.

# Una sorpresa de cumpleaños

Mamá estaba haciendo un pastel. —Es para el cumpleaños de la señora López —dijo Mamá—. Hoy cumple ochenta y un años. —A Carlos le agradaba la señora López. Tenía algunos problemas en la vista, pero nunca le impidieron mantenerse activa. Carlos quería hacer algo especial por ella.

Entonces se le ocurrió una idea magnífica. Tomó un libro y fue hasta la casa vecina. —¡Sorpresa, señora López! —dijo—. Voy a leerle.

—Me encanta escucharte leer —dijo ella.

# El bosque del rey

Hace mucho tiempo, un anciano vivía en lo profundo del bosque del rey. Un día, el príncipe salió a cabalgar por el bosque. Vio al anciano y gritó: —¡Fuera de mi bosque!

El hombre fue a empacar sus cosas. Luego, vio algo muy triste. El caballo del príncipe se había caído. El príncipe estaba herido. El anciano corrió para buscar ayuda.

Cuando el príncipe mejoró, hizo llamar al anciano.

—Me salvaste la vida —dijo—. Puedes pedir lo que quieras.

—Sólo quiero quedarme en el bosque —contestó el hombre. Y así fue.

# Conclusión de la Unidad 1

## Gran idea

**Buenos vecinos** Dibuja a un amigo de tu vecindario. Luego, escribe algunas oraciones sobre lo que te gusta de esa persona. Recorta las oraciones y pégalas debajo del dibujo.

Ella es María López. Salta la cuerda conmigo todos los días.

## Escuchar y hablar

**¿Quién soy?** En un grupo pequeño, juega a las adivinanzas sobre personas que ayudan en la comunidad. Túrnense para representar distintos trabajos comunitarios, como el de un bombero, un maestro o un inspector de tránsito. Pide al grupo que adivine cuál es el trabajo.

# Observar la naturaleza

Unidad 2

# Gran idea

La naturaleza
puede enseñarnos
muchas cosas.

# Lecturas conjuntas

**Animales que construyen casas**

**Escondidos en el estanque**

✔ **VOCABULARIO CLAVE**

**forma**

**rama**

**estanque**

**pico**

**profundo**

**destruir**

**colgar**

**serpenteante**

Librito de vocabulario

Tarjetas de contexto

# Vocabulario en contexto

- Lee cada Tarjeta de contexto.

- Usa una palabra del vocabulario para contar algo que hayas hecho.

**1**
### forma
¿Has visto la forma que tiene esta casa? Parece una pelota.

**2**
### rama
Las ramas más altas de los árboles son un buen hogar para los perezosos.

### 3 estanque

En este estanque viven tortugas, ranas y otros animales.

### 4 pico

Las aves usan el pico para construir sus nidos.

### 5 profundo

Esta anguila vive en las aguas más profundas del océano.

### 6 destruir

La casa de este oso panda no se puede destruir. Está hecha de roca.

### 7 colgar

Los murciélagos cuelgan patas para arriba dentro de su cueva.

### 8 serpenteante

Algunos hogares de animales son túneles largos y serpenteantes.

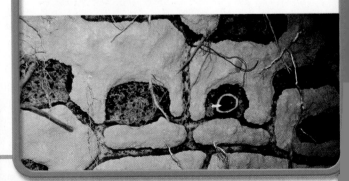

# Contexto

**Hogares de animales** Algunos pájaros construyen su nido con el pico. Los insectos construyen nidos en forma de pelota. Algunos cuelgan de lo alto de las ramas. Los murciélagos viven en cuevas profundas. Las ranas se pasan la vida en los estanques. Las almejas viven dentro de conchas que otros animales no pueden destruir fácilmente. La marmota cava una guarida con túneles serpenteantes. Todo animal construye su hogar donde se siente más seguro.

**Avispa** Las avispas construyen nidos en las ramas de los árboles.

**Abeja** Las abejas mieleras viven en colmenas. Dentro de la colmena guardan la miel.

# Comprensión

**Características de textos y de los elementos gráficos** La autora escogió el título *Animales que construyen casas* para decirte el tema de la obra o de qué trata el libro. Además seleccionó palabras, encabezados y fotos para clarificar las ideas. Usa una tabla como esta para anotar algunas de las características. Luego, di por qué crees que la autora las usó.

| texto o elemento gráfico | número de página | propósito |
|---|---|---|
| | | |
| | | |

✔ ESTRATEGIA CLAVE **Preguntar**

¿Qué preguntas se te ocurren sobre los animales que construyen casas? Busca las respuestas en el texto y en las ilustraciones del artículo.

Animales que construyen casas

✔ **VOCABULARIO CLAVE**

| | |
|---|---|
| forma | profundo |
| rama | destruir |
| estanque | colgar |
| pico | serpenteante |

**DESTREZA CLAVE**

**Características de textos y de los elementos gráficos** Relaciona las palabras con las imágenes del texto.

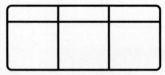

**ESTRATEGIA CLAVE**

**Preguntar** Haz preguntas sobre lo que estás leyendo.

**GÉNERO**
Un **texto informativo** da datos sobre un tema.

**CONOCE A LA AUTORA**

# Wendy Perkins

Sus amigos le dicen que es como una gran enciclopedia ambulante sobre animales. ¿Sabes por qué? Porque la Sra. Perkins sabe muchísimas cosas sobre todo tipo de animales.

La Sra. Perkins ha escrito varios libros informativos sobre los ojos, patas, plumas, hocicos, dientes y colas de los animales. También escribe artículos para *Highlights for Children*, de interés para niños, y para *Zoonooz*, una revista que publica el zoológico de San Diego.

# Animales que construyen casas

por Wendy Perkins

## Pregunta esencial

¿Por qué son útiles los títulos de los capítulos?

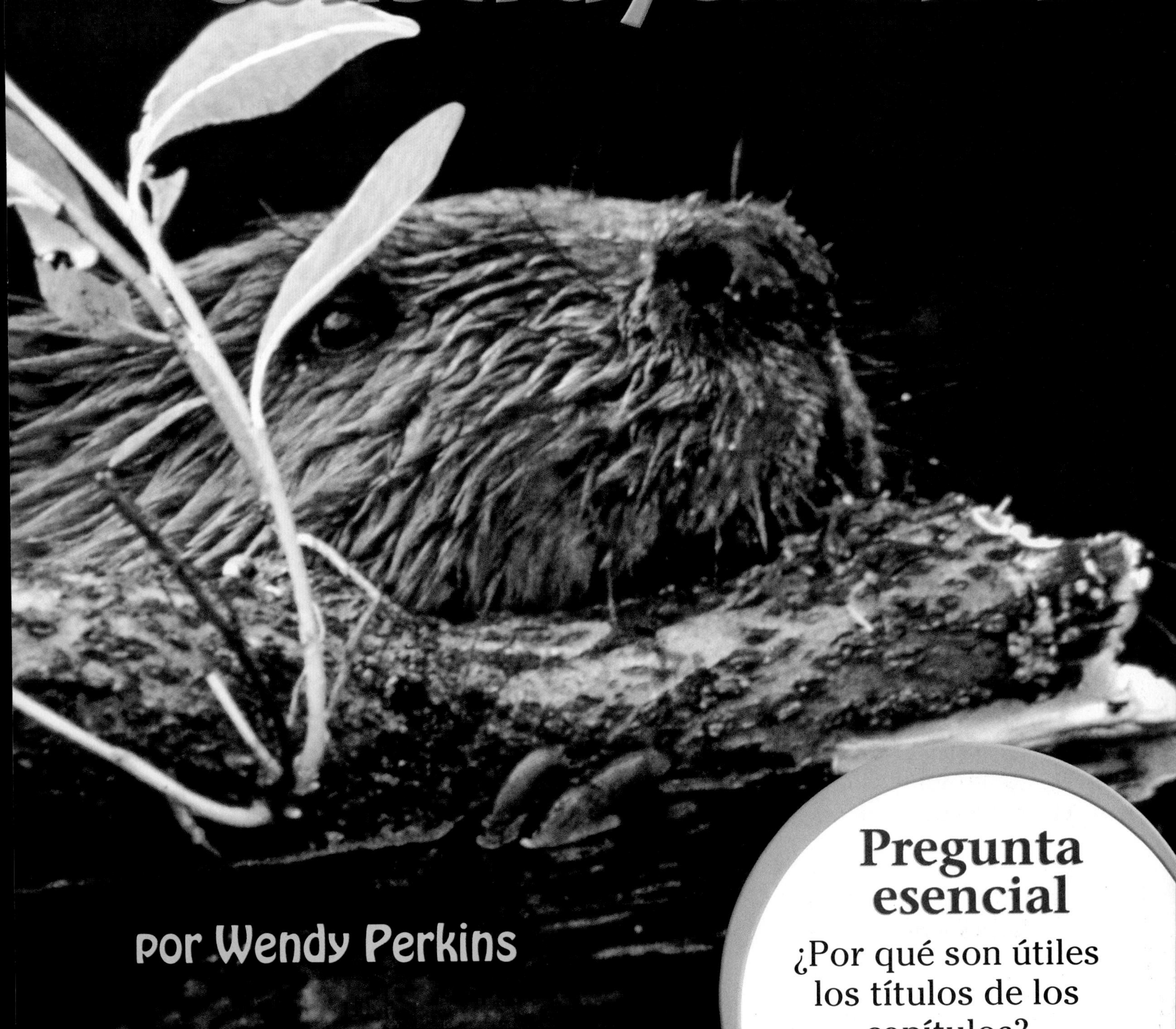

# La casa de un castor

Este castor trabaja sin descanso. Roe el tronco de un árbol. Al poco rato, el árbol se cae. El castor lleva el tronco flotando hasta un estanque. Allí construye una cabaña. Apila los troncos y rellena con barro y pasto las grietas que hay entre ellos. La cabaña le da seguridad y abrigo al castor.

# A salvo en casa

La mayoría de los animales necesitan una vivienda. Estas viviendas mantienen a los animales a salvo de los **depredadores**, la lluvia, la nieve o el sol ardiente. Algunos animales usan una vivienda toda su vida. Otros viven en ellas solo mientras cuidan a sus **crías** o para **sobrevivir** cuando hace calor o frío intenso.

☑ **DETENTE Y PIENSA**
**Características de textos y de los elementos gráficos** ¿Por qué están algunas de las palabras en negrita?

# Construir nidos

Muchos animales viven en nidos. Los colibríes construyen nidos en forma de pocillo de café. Hacen el nido con musgo y trocitos de telaraña.

Este ratón construye un nido de pasto que tiene forma de pelota. Esconde su nido en un pastizal alto o en un túnel bajo tierra.

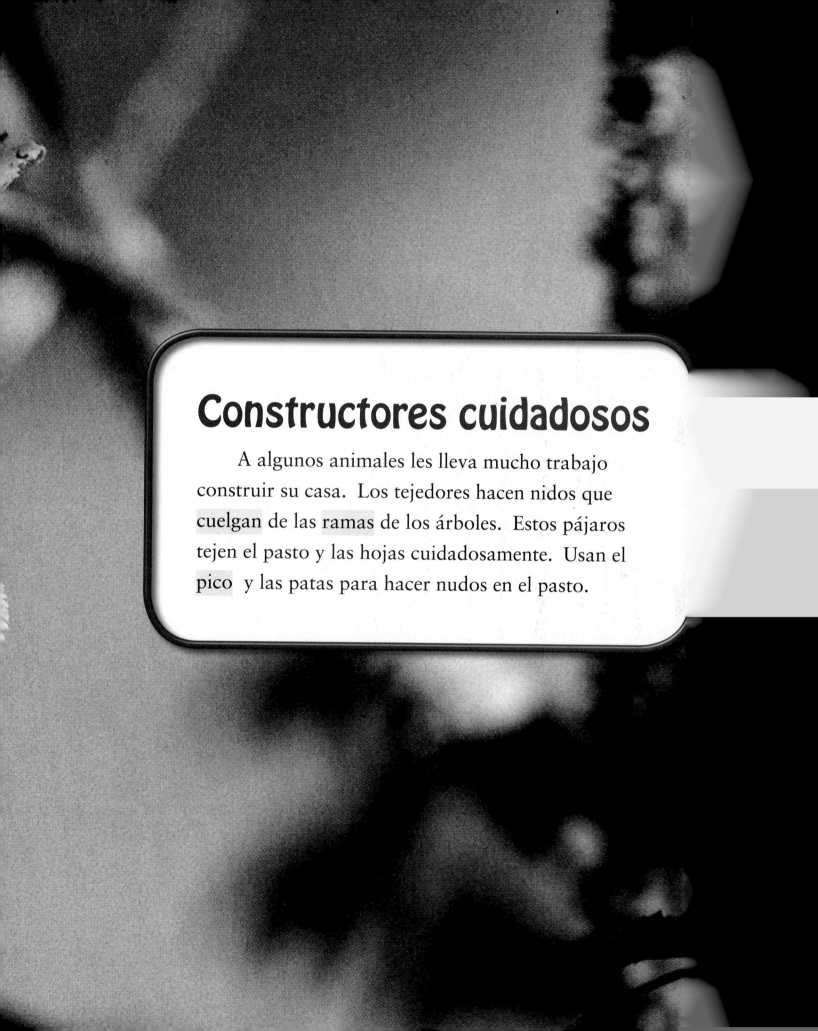

# Constructores cuidadosos

A algunos animales les lleva mucho trabajo construir su casa. Los tejedores hacen nidos que cuelgan de las ramas de los árboles. Estos pájaros tejen el pasto y las hojas cuidadosamente. Usan el pico y las patas para hacer nudos en el pasto.

# Trabajar juntos

Algunos animales construyen su vivienda en grupo. Las termitas hacen **montículos** de barro y **saliva**. No es fácil para otros animales destruir el barro endurecido.

✔ **DETENTE Y PIENSA**

**Preguntar** ¿Qué pregunta sobre cómo trabajan juntas las termitas responde esta página?

Los pólipos son animales marinos que forman arrecifes de coral. Cada pólipo construye una copa o cáliz de **piedra caliza** a su alrededor como protección. Las copas de los pólipos crecen hasta unirse y forman con el tiempo un arrecife de coral.

# Construir una madriguera

Las madrigueras son cuevas en la tierra donde algunos animales viven en grupo. Las taltuzas o tuzas usan los dientes y las patas para cavar túneles largos y serpenteantes. Construyen habitaciones en las partes más profundas de los túneles. En estas habitaciones, las taltuzas esconden a sus crías y alimento.

# Mejoras al hogar

Algunos animales viven en casas construidas por otros animales. Los pájaros carboneros usan como vivienda los agujeros que los pájaros carpinteros hacen en los árboles. Llenan el agujero con pasto y musgo y así construyen un nido para sus polluelos.

**DETENTE Y PIENSA**
**Técnica de la autora** ¿Por qué crees que la autora titula esta página "Mejoras al hogar"?

# Construir una casa

La mayoría de los animales necesitan una vivienda para descansar y cuidar a sus crías. Las viviendas también protegen a los animales de los depredadores. Los castores construyen cabañas. Los ratones hacen nidos. Las taltuzas cavan madrigueras. ¿Cómo crees que el oso polar construye su **guarida**?

# Es tu turno

## Animales: sus casas favoritas

### Escribir para describir

¿Sobre qué animal salvaje te gustaría aprender? Busca información sobre el animal que elegiste en libros y otras fuentes. Escribe algunas oraciones que describan la casa donde habita ese animal. Comparte tu trabajo con tus compañeros. CIENCIAS

## Buscar títulos

Repasa el texto *Animales que construyen casas*. ¿De qué manera te ayudaron los títulos a comprender lo que leías? ¿Cómo sería el libro si no tuviera títulos? Trabaja con un compañero para responder estas preguntas. CARACTERÍSTICAS DE TEXTOS Y DE LOS ELEMENTOS GRÁFICOS

# dramatización

Escondidos en el estanque

## ✔ VOCABULARIO CLAVE

| | |
|---|---|
| forma | profundo |
| rama | destruir |
| estanque | colgar |
| pico | serpenteante |

### GÉNERO

Una **obra de teatro** es una historia para ser representada.

### ENFOQUE EN EL TEXTO

El **diálogo** son las palabras que dicen los personajes de una obra de teatro. Al leer, presta atención a las palabras que forman parte del diálogo.

# Escondidos en el estanque

**por Sue LaBella**

## Personajes

Rana toro

Tortuga mordedora

Insecto palo

**Rana toro:** (saltando) ¡Qué día más bello para saltar! Voy a dar una vuelta al estanque por esta senda serpenteante.

**Insecto palo:** Ten cuidado con la tortuga mordedora.

**Rana toro:** (se detiene y mira alrededor) ¿Quién dijo eso?

**Insecto palo:** Yo.

**Rana toro:** (mira a su alrededor) No te veo.

**Insecto palo:** Mira bien en el árbol. ¿Ves cómo estoy colgado de una rama?

**Rana toro:** ¡Pero si pareces un palo!

**Insecto palo:** ¡Exacto! Por eso me llaman insecto palo. Tengo el cuerpo en forma de palo para camuflarme. Los pájaros piensan que soy una ramita, y no tratan de atraparme con el pico y comerme.

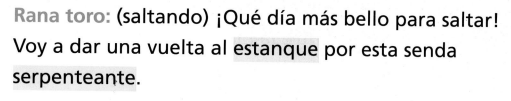

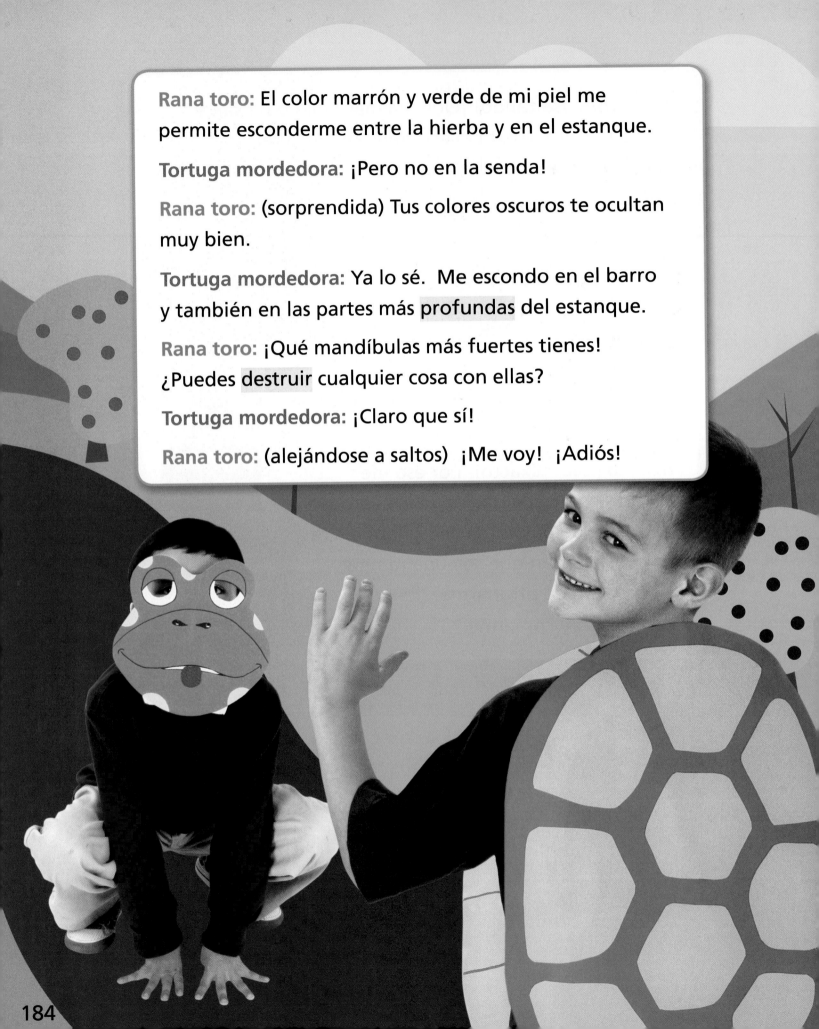

**Rana toro:** El color marrón y verde de mi piel me permite esconderme entre la hierba y en el estanque.

**Tortuga mordedora:** ¡Pero no en la senda!

**Rana toro:** (sorprendida) Tus colores oscuros te ocultan muy bien.

**Tortuga mordedora:** Ya lo sé.  Me escondo en el barro y también en las partes más profundas del estanque.

**Rana toro:** ¡Qué mandíbulas más fuertes tienes! ¿Puedes destruir cualquier cosa con ellas?

**Tortuga mordedora:** ¡Claro que sí!

**Rana toro:** (alejándose a saltos)  ¡Me voy!  ¡Adiós!

# Hacer conexiones

 **El texto y tú**

**Compartir experiencias** Piensa en las casas de los animales de *Animales que construyen casas*. ¿Cuáles has visto antes? Comenta tus ideas con un compañero.

 **De texto a texto**

**Explorar las casas de los estanques** Trabaja en equipo para identificar los animales de cada selección que viven en un estanque o cerca de uno. Di en qué se parecen y en qué se diferencian. Nombra libros u otras fuentes que puedes usar para hallar más datos.

 **El texto y el mundo**

**Conectar con las Ciencias** ¿Qué otra cosa le gustaría aprender a tu clase sobre las viviendas de animales? Elijan un tema para investigar juntos.

# Gramática

**Más sustantivos singulares y plurales** Un **sustantivo singular** nombra a una sola persona, lugar, animal o cosa. Un **sustantivo plural** nombra a más de una persona, lugar, animal o cosa. Para formar el plural agrega -s a los sustantivos que terminan en vocal y -es, a los sustantivos que terminan en consonante. El plural de los sustantivos terminados en -z, como pez, es peces.

**Lenguaje académico**

sustantivo singular
sustantivo plural

| Sustantivos singulares | Sustantivos plurales |
|---|---|
| animal | animales |
| nido | nidos |
| mesa | mesas |
| voz | voces |

 **Escribe el plural de cada sustantivo en una hoja aparte.**

**1** casa

**2** árbol

**3** perro

**4** luz

**Fluidez de la oración** Recuerda que dos oraciones cortas que tienen el mismo predicado se pueden unir para formar una oración más larga. Une las oraciones escribiendo **y** entre los dos sujetos. Esto le dará mayor fluidez a tu párrafo.

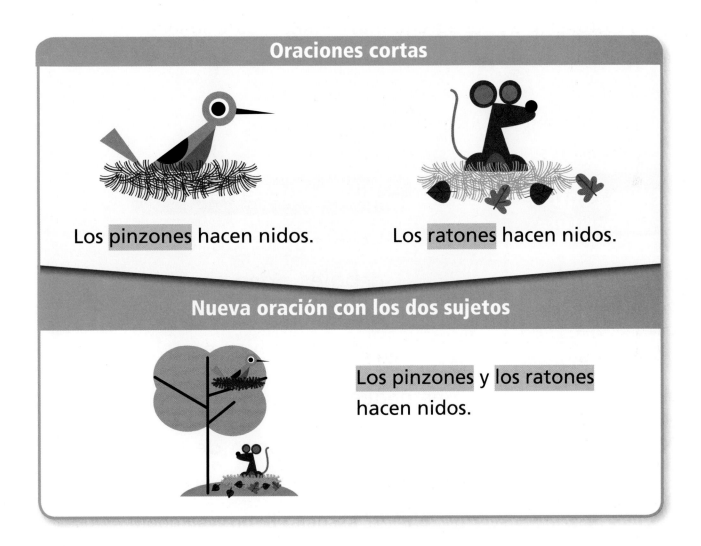

### Oraciones cortas

Los pinzones hacen nidos.

Los ratones hacen nidos.

### Nueva oración con los dos sujetos

Los pinzones y los ratones hacen nidos.

# Relacionar la gramática con la escritura

**Cuando revises tu párrafo, trata de unir las oraciones cortas que tengan el mismo predicado.**

# Escribir para informar

**✓Ideas** Cuando escribas un **párrafo informativo,** asegúrate de agregar detalles que hablen sobre la idea principal.

Alexis hizo un borrador de un párrafo sobre las viviendas de los castores. Después agregó más detalles sobre su idea principal.

## Lista de control de la escritura

**✓Ideas**

¿Apoyan todos mis detalles la idea principal?

**✓ Organización**
¿Habla la oración temática sobre la idea principal?

**✓ Elección de palabras**
¿Usé palabras precisas?

**✓ Convenciones**
¿Escribí con cuidado y dejé márgenes?

## Borrador revisado

Usan partes de los árboles para construir allí su vivienda.
Los castores viven en estanques. ∧Usan los dientes para roer el tronco de los árboles. ∧ Después el árbol se cae.

# Las viviendas de los castores

por Alexis Baker

Los castores viven en estanques. Usan partes de los árboles para construir allí su vivienda. Usan los dientes para roer el tronco de los árboles. Después el árbol se cae. Los castores hacen flotar los troncos hasta un lugar para construir una cabaña. Usan barro y pasto para rellenar las grietas. Así la cabaña es abrigada.

> **Agregué más detalles sobre las cabañas de los castores.**

## Leer como escritor

**¿Qué detalles agregó Alexis para hablar más sobre la idea principal?**

**¿En qué lugar de tu párrafo puedes agregar detalles?**

Esas
**feas verduras**
por Grace Lin

¡Son realmente
**GIGANTES!**

## ✓ VOCABULARIO CLAVE

**florecer**

**pala**

**aroma**

**duro**

**arrugado**

**simplemente**

**músculo**

**asentir**

Librito de
vocabulario

Tarjetas de
contexto

Las tres
hermanas

# Vocabulario
# en contextc

- Lee cada **Tarjeta de contexto**.

- Crea una oración con una palabra del vocabulario.

**1**  **florecer**

Ya han empezado a florecer los girasoles.

**2**  **pala**

Estos niños usan palas para plantar un árbol.

## 3 aroma

Las rosas tienen un aroma agradable, tan dulce como un perfume.

## 4 duro

Las calabazas son muy duras. Cuesta mucho trabajo romper su cáscara.

## 5 arrugado

Las pasas son uvas secas y arrugadas, pero siguen siendo muy dulces.

## 6 simplemente

Hay plantas de muchos colores y otras que simplemente son sencillas.

## 7 músculo

Hay que tener músculos muy fuertes para poder llevar una carretilla cargada.

## 8 asentir

Cuando papá me preguntó si quería trabajar en el jardín, asentí con la cabeza.

# Contexto

**Cultivar un jardín** En un jardín se ven florecer los pimpollos. El aroma de las flores llena el aire. Un huerto con hortalizas puede parecer simplemente feo, pero las plantas se pueden comer. Los jardineros usan sus músculos para voltear la tierra con palas. Plantan las semillas y muy pronto aparecen los retoños arrugados. Algunas malas hierbas tienen raíces duras y son difíciles de arrancar. Si te invitan a sacar malas hierbas y asientes, puedes prepararte para trabajar mucho.

Las flores de este jardín necesitan mucha agua.

# Comprensión

✔ DESTREZA CLAVE **Conclusiones**

Mientras lees *Esas feas verduras*, busca claves del texto que te den más información sobre la acción y los personajes. Usa claves para sacar conclusiones o para hacer predicciones sobre las cosas que no cuenta el autor. Escribe las claves que uses y una conclusión en una tabla como esta.

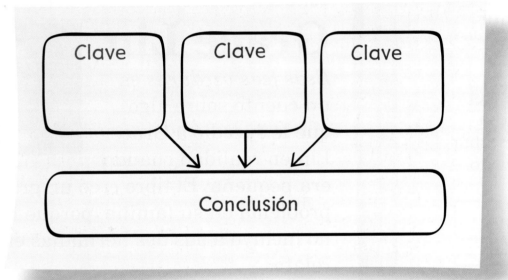

✔ ESTRATEGIA CLAVE **Analizar/Evaluar**

Piensa detenidamente mientras lees. ¿Crees que tus conclusiones te ayudan a comprender el texto? ¿Has aprendido más sobre cultivar un jardín? Forma una opinión sobre *Esas feas verduras* a partir de tu conclusión.

SENDEROS
EN DIGITAL
Presentado por
DESTINO Lectura™
Lección 7: Actividad de comprensión

193

**VOCABULARIO CLAVE**

| | |
|---|---|
| florecer | arrugado |
| pala | simplemente |
| aroma | músculo |
| duro | asentir |

**DESTREZA CLAVE**

**Conclusiones** Usa detalles para descubrir más acerca del texto.

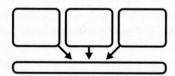

**ESTRATEGIA CLAVE**

**Analizar/Evaluar** Di lo que sientes sobre el texto, y por qué.

**GÉNERO**

Una **ficción realista** es un cuento que podría suceder en la vida real.

**CONOCE A LA AUTORA E ILUSTRADORA**

# Grace Lin

*Esas feas verduras* es un cuento sobre algo que le sucedió a Grace Lin en realidad cuando era pequeña. El libro creó un gran problema en su familia, porque Lin no incluyó a sus dos hermanas en el relato.

Ellas le hicieron prometer que las incluiría en sus otros libros, cosa que ha hecho: *¡Dim sum para todos!* y *El vuelo de la cometa* tratan de una familia con tres niñas, igual que la familia de Lin.

# Esas feas verduras

## por Grace Lin

## Pregunta esencial

¿Qué te ayuda a tomar decisiones acerca de un personaje?

En la primavera ayudé a mi mamá a preparar el jardín.
Usamos unas palas largas para voltear el césped, y vi unos
gusanos rosados que se retorcían.  El trabajo era duro.
Cuando paramos a descansar, nos dimos cuenta de que
los vecinos también preparaban sus jardines.

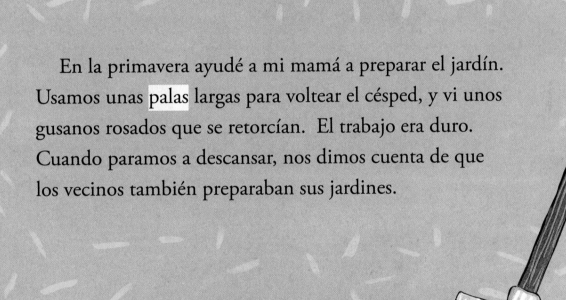

—Hola, Irma —le dijo mi mamá a la Sra. Crumerine.

La Sra. Crumerine también estaba cavando. Usaba una
pala pequeña, que le cabía en la mano.

—Mamá —pregunté—, ¿por qué usamos palas tan
grandes? La Sra. Crumerine tiene una pequeña.

—Porque nuestro jardín requiere que cavemos más.

Ayudé a mi mamá a sembrar las semillas, y llevamos la manguera hasta el jardín.

—Hola, Linda. Hola, Mickey —les dije a los Fitzgerald, que estaban regando su jardín con tres regaderas verdes.

—Mamá —pregunté—, ¿por qué usamos la manguera? Linda y Mickey usan regaderas.

—Porque nuestro jardín necesita más agua —contestó.

 **DETENTE Y PIENSA**
**Conclusiones** ¿Qué te parece la gente de este vecindario? Explica tu respuesta.

Después, mi mamá hizo unos dibujos curiosos en pedazos de papel y yo los puse en el jardín.

—Hola, Roseanne —le dijo mi mamá a la Sra. Angelhowe, que estaba al otro lado de la calle.

—Mamá —pregunté—, ¿por qué ponemos estos papelitos en el jardín? La Sra. Angelhowe puso los sobrecitos de semillas en el suyo.

—Porque nuestro jardín es de verduras chinas —me dijo—. Estos son los nombres de las verduras en chino, y así sé qué plantas van a crecer en cada sitio.

Y un día vi cómo crecía todo en nuestro jardín. Habían brotado tallos verdes que parecían hierbas.

—¡Están creciendo las plantas! —grité—. ¡Están creciendo las plantas!

Corrí a los jardines de los vecinos para ver si sus plantas habían crecido. Pero sus plantas parecían hojitas.

—Mamá —pregunté—, ¿por qué parecen hierbas nuestras plantas? Las plantas de los vecinos son diferentes.

—Eso es porque ellos sembraron flores —respondió.

—¿Por qué no sembramos flores? —pregunté.

—Estas plantas son mejores que las flores —dijo ella.

Al poco tiempo, los jardines de los vecinos empezaron a florecer. Todos los jardines de la cuadra formaban un arco iris de flores.

La brisa tenía un aroma dulce y las mariposas y las abejas
revoloteaban por todas partes. Todos los jardines eran
hermosos, menos el nuestro.

El nuestro era de color verde oscuro y feo.

—¿Por qué no sembramos flores? —pregunté otra vez.

—Estas plantas son mejores que las flores —volvió a repetir mamá.

Miré, pero solo vi enredaderas de color negro, morado y verde, hojas arrugadas y peludas, tallos espinosos y unas pocas florecitas amarillas.

—No creo —dije.

—¡Espera y verás! —dijo mamá.

Nuestras verduras no tardaron en crecer. Unas eran grandes y abultadas. Otras eran delgadas y verdes y tenían bultos. Y había unas que eran de un color amarillo simplemente desagradable. Eran unas verduras feas.

A veces yo iba a casa de los vecinos a ver sus bonitos jardines. Ellos me mostraban las amapolas, las peonías y las petunias, y yo me sentía triste de que nuestro jardín no fuera tan bonito.

Un día mi mamá y yo recogimos las verduras del jardín.
Llenamos una carretilla y la llevamos a la cocina. Mamá las
lavó, agarró un cuchillo grande y las cortó en pedacitos.

—¡Ay-yau! —decía al cortarlas.

Tuvo que usar todos sus músculos porque las verduras
eran muy duras y resistentes.

—Esta es una sheau hwang gua (chau huang gua)
—dijo mamá al darme una verdura torcida y llena de bultos.

Señaló otras verduras y dijo:

—Esta es una shiann tsay (chen yei). Esa es una torng
hau (tang hau).

Salí a jugar. Mientras jugaba catch con Mickey, un
aroma mágico llenó el aire. Vi a los vecinos de pie en sus
porches con los ojos cerrados, oliendo el cielo. Tomaban
bocanadas de aire, como tratando de comer el olor.

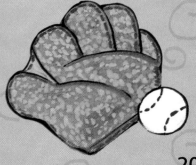

El viento llevaba el aroma de un lado a otro. Hasta las
abejas y las mariposas parecían olerlo en la brisa.

Yo también lo olí. Me dio hambre, y me di cuenta de que
¡salía de mi casa!

Lo seguí hasta adentro, donde mi mamá servía un gran plato de sopa. La sopa era amarilla, roja, verde y rosada.

—Esta es una sopa especial —dijo mamá, y se sonrió.

Me dio un platito lleno y la probé. ¡Estaba riquísima! Los distintos sabores parecían bailarme en la boca y reírse camino a mi estómago. Sonreí.

—¿Te gusta? —me preguntó mamá.

Yo asentí y extendí el plato para pedir más.

—La hice con nuestras verduras —me dijo ella.

En eso sonó el timbre de la puerta y corrimos a abrirla.

**DETENTE Y PIENSA**
**Técnica de la autora** ¿Qué dice la autora para indicar lo rica que está la sopa?

Todos nuestros vecinos estaban en la entrada con ramos de flores.

—Nos dimos cuenta de que estaban cocinando —dijo el Sr. Fitzgerald, ofreciendo las flores con una sonrisa—. Y pensamos que quizás les interesaría hacer un intercambio.

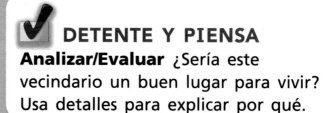

**DETENTE Y PIENSA**
**Analizar/Evaluar** ¿Sería este vecindario un buen lugar para vivir? Usa detalles para explicar por qué.

Nos reímos, y mi mamá le dio a cada uno un plato de su sopa especial.

Mi mamá les explicó qué tipo de verdura era cada una y cómo las había cultivado. Les dio la receta de la sopa y les puso un poco en un recipiente para llevar. Yo me comí cinco platos de sopa.

Fue la mejor cena de toda mi vida.

La primavera siguiente, cuando mi mamá empezó a
preparar el jardín, plantamos flores al lado de las verduras
chinas. La Sra. Crumerine, los Fitzgerald y los Angelhowe
plantaron verduras chinas al lado de sus flores.

En poco tiempo, todo el vecindario tenía verduras
chinas en los jardines. En toda la cuadra brotaban plantitas
verdes. Algunas parecían hojas y otras, hierbas, y cuando las
flores comenzaron a florecer, se podía anticipar también el
olor a sopa.

## Diverstirse con las verduras

### Planear una comida

La mamá del cuento *Esas feas verduras* prepara
una rica sopa con verduras que cultivó en el jardín.
Nombra una verdura que te guste. Comenta con tus
compañeros qué verduras les gustan
a ellos. Planeen una comida
que tenga todas sus
verduras favoritas.

GRUPO PEQUEÑO

## Súper sopa

¿Por qué la niña dijo que la sopa *fue la mejor cena
de toda su vida*? Trabaja con un compañero para
responder la pregunta. Usa las pistas del cuento en tu
respuesta. CONCLUSIONES

✔ **VOCABULARIO CLAVE**

| | |
|---|---|
| florecer | arrugado |
| pala | simplemente |
| aroma | músculo |
| duro | asentir |

### GÉNERO

Un **texto informativo** nos da datos sobre un tema. Este es un artículo de revista.

### ENFOQUE EN EL TEXTO

Una **gráfica de barras** es un dibujo en el que se usan barras para comparar números.

¡Son realmente

# GIGANTES!

por Judy Williams

Para ciertos granjeros, simplemente una verdura de tamaño ordinario resulta aburrida. Así que se dedican a cultivar verduras cada vez más grandes.

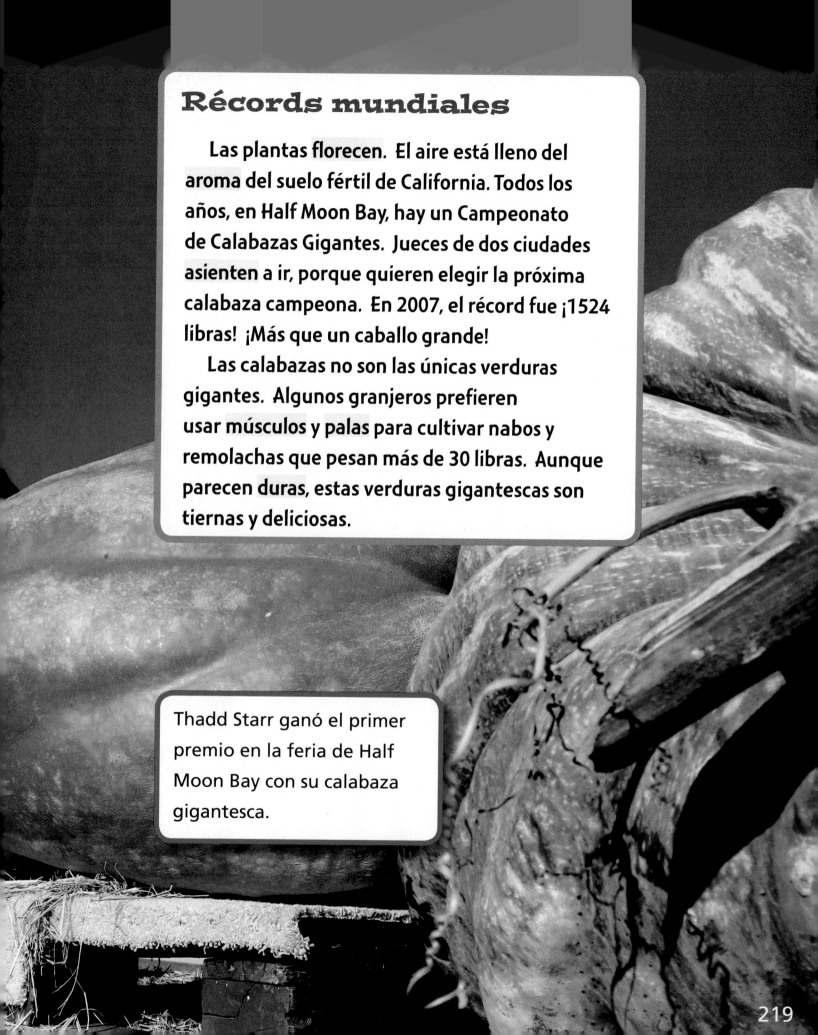

# Récords mundiales

Las plantas florecen. El aire está lleno del aroma del suelo fértil de California. Todos los años, en Half Moon Bay, hay un Campeonato de Calabazas Gigantes. Jueces de dos ciudades asienten a ir, porque quieren elegir la próxima calabaza campeona. En 2007, el récord fue ¡1524 libras! ¡Más que un caballo grande!

Las calabazas no son las únicas verduras gigantes. Algunos granjeros prefieren usar músculos y palas para cultivar nabos y remolachas que pesan más de 30 libras. Aunque parecen duras, estas verduras gigantescas son tiernas y deliciosas.

Thadd Starr ganó el primer premio en la feria de Half Moon Bay con su calabaza gigantesca.

# Gigantes de Alaska

Alaska es la capital de las verduras gigantes. En ningún sitio del mundo se cultivan ejemplares tan grandes. Los largos días de verano y la tierra fértil hacen crecer bien a las verduras. En la Feria Estatal de Alaska, en Palmer, por ejemplo, hay coles de casi 98 libras.

Brenna Dinkel, de Wasilla, Alaska, a los siete años se ve pequeña al lado de las arrugadas hojas de esta col.

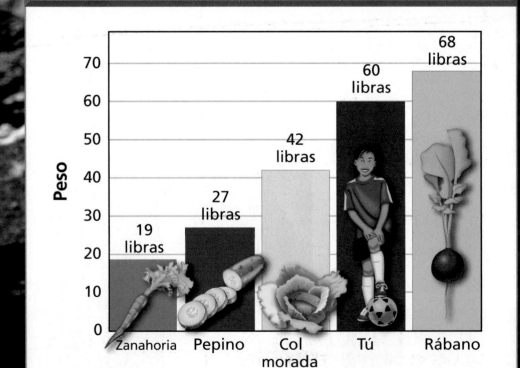

¿Cuánto pesan?

- Zanahoria: 19 libras
- Pepino: 27 libras
- Col morada: 42 libras
- Tú: 60 libras
- Rábano: 68 libras

Peso / Vegetales

# Hacer conexiones

 **El texto y tú**

**Hacer una lista** Haz una lista de los pasos que siguieron la niña y su mamá para plantar y cuidar las verduras en *Esas feas verduras*. ¿Qué paso crees que es el más divertido?

 **De texto a texto**

**Comparar verduras** ¿Preferirías cultivar verduras feas como las de *Esas feas verduras* o gigantes como las de "¡Son realmente gigantes!"? Explica tu respuesta.

 **El texto y el mundo**

**Conectar con los Estudios Sociales** En *Esas feas verduras*, la mamá dice que va a sembrar verduras chinas. Encuentra China en un mapa o en un globo terráqueo. Conversa con un compañero sobre lo que encontraste. Escucha a tu compañero.

# Gramática

**Sustantivos propios** Los **sustantivos propios** nombran personas, animales, lugares o cosas específicas. Los sustantivos propios empiezan con **letra mayúscula**.

| Sustantivos | Sustantivos propios |
|---|---|
| vecina | Rosa Smith |
| mascota | Fluffy |
| calle | Quinta Avenida |
| estado | Texas |
| país | China |

**¡Inténtalo!** Escribe cada oración correctamente. Recuerda que los sustantivos propios empiezan con letra mayúscula.

1. Hay muchos jardines en centerville.

2. Mi amiga molly bowen recogió manzanas.

3. ¡Nuestro perro spot está arrancando las rosas!

**Elección de palabras** Un sustantivo propio nombra a una persona, animal, lugar o cosa específica. Un sustantivo propio es un sustantivo preciso. Usa sustantivos precisos para que el lector pueda hacerse una mejor idea de lo que quieres decir.

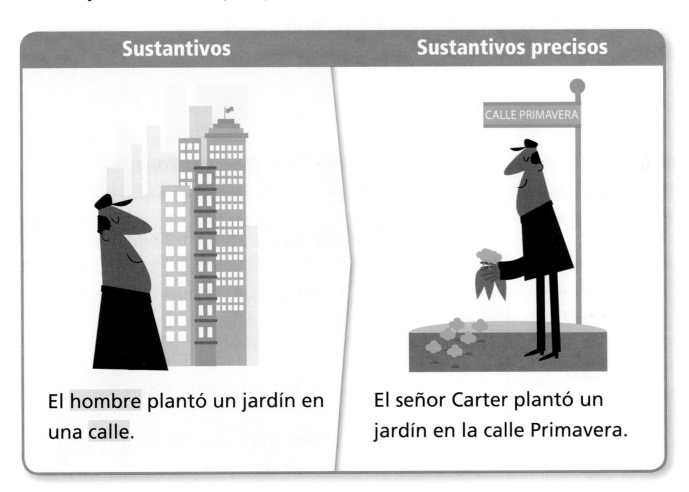

| Sustantivos | Sustantivos precisos |
|---|---|
| El hombre plantó un jardín en una calle. | El señor Carter plantó un jardín en la calle Primavera. |

## Relacionar la gramática con la escritura

Cuando revises tu resumen, identifica los sustantivos que puedas cambiar por sustantivos más precisos.

# Escribir para informar

✔ **Organización** Un **resumen** cuenta qué sucede en una historia. Presenta los sucesos en el mismo orden.

Kayla hizo el borrador de un resumen de la primera parte de *Esas feas verduras*. Más tarde, ordenó los sucesos correctamente.

## Lista de control de la escritura

✔ **Ideas**
¿Se conectan todas mis oraciones con la idea principal?

✔ **Organización**
¿Conté las cosas en el orden en que sucedieron?

✔ **Fluidez de la oración**
¿Escribí las palabras de mis oraciones en un orden razonable?

✔ **Convenciones**
¿Puse las mayúsculas y la puntuación de las oraciones correctamente?

## Borrador revisado

Una niña ayuda a su madre a preparar un jardín. La niña ve que ellas hacen las cosas en forma diferente a los vecinos. Para regar el jardín, ella y su madre usan una manguera. Los vecinos usan regaderas. Los vecinos usan palas más pequeñas.

# Mi resumen

por Kayla Higgs

Una niña ayuda a su madre a preparar un jardín. La niña ve que ellas hacen las cosas en forma diferente a los vecinos. Los vecinos usan palas más pequeñas. Para regar el jardín, ella y su madre usan una manguera. Los vecinos usan regaderas. Ella y su madre ponen dibujos en su jardín. La niña pregunta por qué su jardín es diferente a los jardines de flores de sus vecinos. Su madre dice que las verduras que cultivan son mejores que las flores.

> Cambié el orden de las oraciones para contar las cosas en el orden en que sucedieron.

## Leer como escritor

¿Por qué cambió Kayla el orden de las oraciones? ¿Qué podrías cambiar en tu resumen para ordenar los sucesos correctamente?

**cuidado**

**dañar**

**doblar**

**destello**

**retumbar**

**impedir**

**llegar**

**equivaler**

Librito de
vocabulario

Tarjetas de
contexto

# Vocabulario en contexto

- Lee cada Tarjeta de contexto.

- Habla sobre una foto. Usa una palabra de vocabulario diferente a la de la tarjeta.

**1**

## cuidado

Cuando suenan las sirenas significa que hay que tener cuidado con las tormentas.

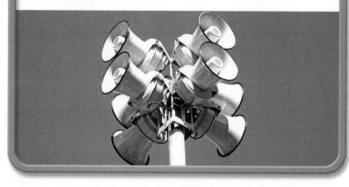

**2**

## dañar

El granizo y los vientos fuertes dañan los cultivos. También causan otros destrozos.

### 3 doblar

Los vientos fuertes doblan y encorvan a estas palmeras.

### 4 destello

El destello de los rayos ilumina el oscuro cielo de la noche.

### 5 retumbar

Las olas retumban fuerte en las playas durante una tormenta.

### 6 impedir

Las fuertes nevadas pueden impedir el libre tránsito de autos.

### 7 llegar

Durante algunas inundaciones, las aguas llegan hasta los tejados de las casas.

### 8 equivaler

Las pulgadas de nieve que cayeron ayer equivalen a todas las que cayeron el año pasado.

# Contexto

✔ **VOCABULARIO CLAVE**  **Alerta de tormenta** ¡Cuidado!
Si ves un destello a la distancia y un trueno retumba, es
probable que se esté acercando una tormenta. Fuertes
vientos que doblan o tumban árboles grandes también
son una señal de tormenta. El granizo grande puede dañar
carros y casas. Una forma de impedir que alguien se lastime
durante una tormenta es prestar atención al cielo. Las
nubes en forma de embudo señalan un tornado. Hay que
buscar refugio antes que llegue a donde estás. La descarga
de un rayo equivale a cientos de kilos de dinamita.

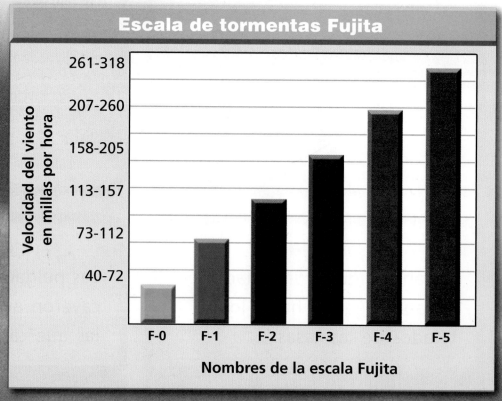

**Escala de tormentas Fujita**

Velocidad del viento en millas por hora

- 261-318
- 207-260
- 158-205
- 113-157
- 73-112
- 40-72

F-0   F-1   F-2   F-3   F-4   F-5

Nombres de la escala Fujita

Esta tabla indica la fuerza de los
tornados en términos científicos.

# Comprensión

**Idea principal y detalles**

Usa el título para saber el tema de *Tormentas increíbles.*
Mientras lees, piensa en las ideas principales, o importantes,
sobre cada tipo de tormenta. En una tabla como esta anota
detalles que den información sobre cada idea principal.

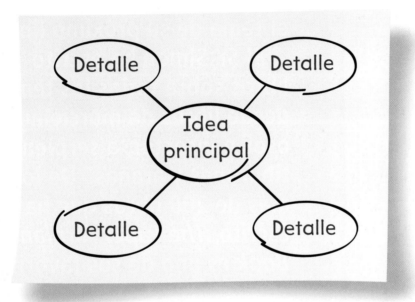

✔ **ESTRATEGIA CLAVE** **Visualizar**

Usa detalles sobre cada idea principal para poder visualizar,
o formar una imagen mental, de lo que describe el autor.
Las imágenes que formes te ayudarán a recordar las ideas
principales de diferentes tipos de tormenta.

Tormentas increíbles

## ✓ VOCABULARIO CLAVE

| | |
|---|---|
| cuidado | retumbar |
| dañar | impedir |
| doblar | llegar |
| destello | equivaler |

## ✓ DESTREZA CLAVE

**Idea principal y detalles** Indica las ideas importantes y los detalles de un tema.

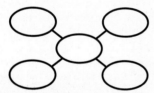

## ✓ ESTRATEGIA CLAVE

**Visualizar** Imagina lo que está sucediendo a medida que lees.

**GÉNERO**

Un **texto informativo** da datos sobre un tema.

CONOCE AL AUTOR

# SEYMOUR SIMON

A este ex-profesor de ciencias le encanta visitar clases y hablar con los estudiantes. Esas visitas a veces le ayudan a decidir sobre el tema de su próximo libro.

El Sr. Simon ha escrito libros sobre todos los temas, desde libros de murciélagos, osos e insectos, a serpientes, tiburones y arañas. De los más de 200 libros que ha escrito, *The Paper Airplane Book* es uno de sus favoritos.

# Tormentas increíbles

**por Seymour Simon**

## Pregunta esencial

¿Cómo sabes cuál es el tema principal de un cuento?

El aire que nos rodea está siempre en cambio continuo. A estos cambios les llamamos tiempo atmosférico. Las tormentas son cambios de tiempo repentinos y violentos.

A cada instante se forman cientos de tormentas eléctricas por todo el mundo. Las tormentas eléctricas son lluvias muy fuertes. En apenas un minuto pueden descargar millones de galones de agua.

En una tormenta eléctrica, chispas o rayos pueden descargarse entre las nubes y el suelo. Un rayo puede destruir un árbol o una casa pequeña. También puede causar incendios en bosques y prados.

El rayo retumba al calentar el aire de repente produciendo un trueno. Puedes calcular a qué distancia está un rayo. Cuenta los segundos entre el relámpago, o sea el destello de luz, y el sonido del trueno. Cinco segundos equivalen a una milla.

El granizo es hielo en trozos que el viento de algunas tormentas eléctricas lanza en todas direcciones. Cada grano puede ser del tamaño de una canica o más grande que una pelota de béisbol. Todos los años, cerca de 5,000 tormentas de granizo azotan Estados Unidos. Estas granizadas destruyen cosechas y dañan edificios y autos.

A veces una tormenta eléctrica causa un tornado. Del interior de la tormenta baja una nube en forma de embudo. Los vientos en el centro del tornado pueden soplar y girar a más de 300 millas por hora. Estos vientos poderosos pueden levantar autos y destruir casas.

**✔ DETENTE Y PIENSA**
**Idea principal y detalles**
¿Cuál es la idea principal de este párrafo?

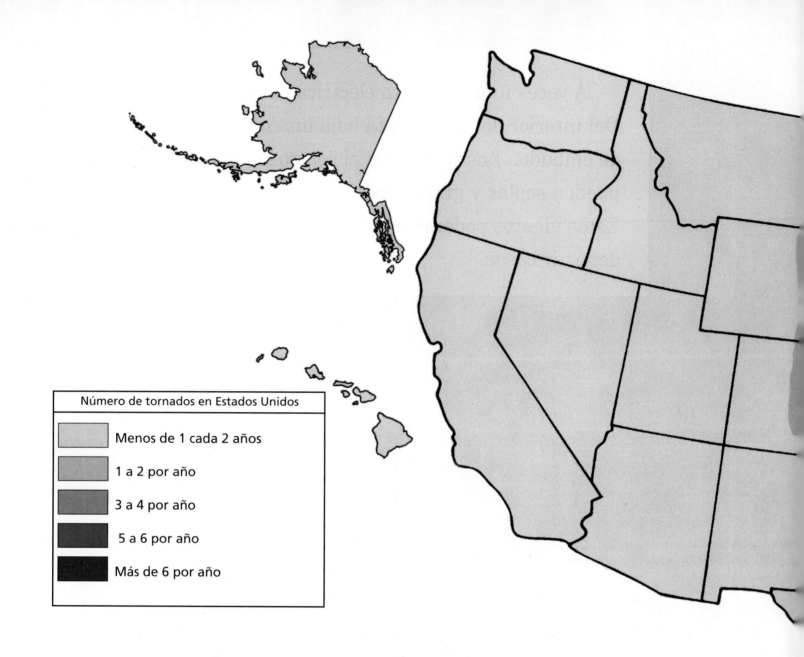

Número de tornados en Estados Unidos

Menos de 1 cada 2 años

1 a 2 por año

3 a 4 por año

5 a 6 por año

Más de 6 por año

Todos los años, más de 1,000 tornados azotan Estados Unidos. La mayoría se forman en la primavera y en el verano. A menudo las estaciones de televisión y de radio transmiten alertas. Una alerta de tornado quiere decir que podría pasar uno en las próximas horas. Cuando una persona ha visto, o un radar ha identificado, un tornado se emite una advertencia. Cuando hay una advertencia de tornado hay que buscar refugio en un sótano o en un clóset.

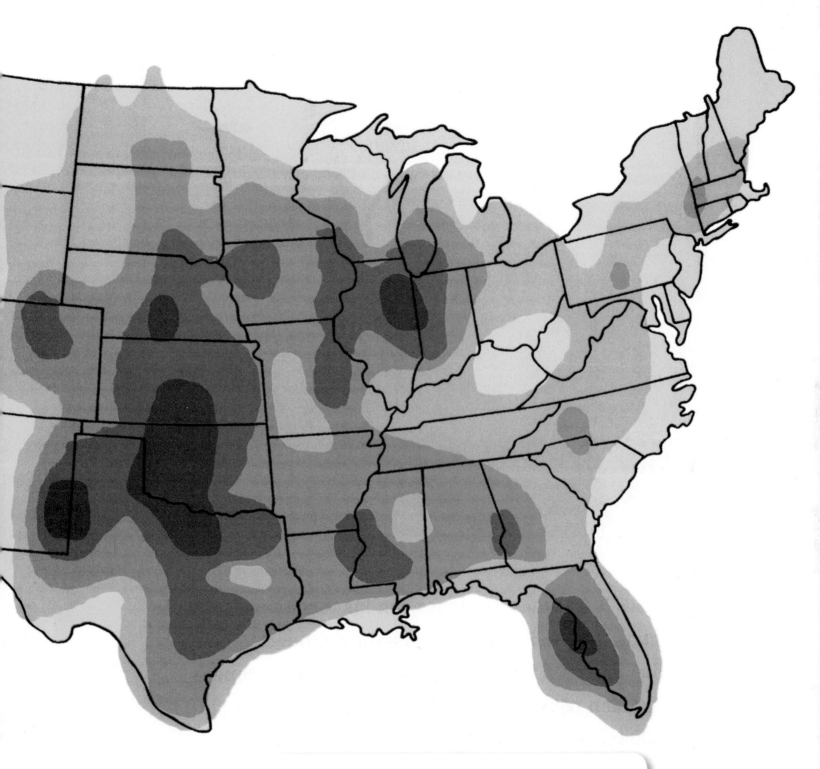

✔️ **DETENTE Y PIENSA**

**Visualizar** ¿Cómo se usan los colores en el mapa para indicar dónde existe el mayor y el menor peligro de tornados?

Los huracanes o ciclones son las tormentas más destructivas del mundo. Causan más muertes que todas las otras tormentas en total. Los huracanes se extienden por cientos de millas. Tienen vientos de 74 a 200 millas por hora.

El ojo del huracán es el centro quieto del ciclón. Dentro del ojo, el viento deja de soplar, brilla el sol y el cielo está despejado. Pero, hay que tener cuidado, el huracán aún no ha terminado.

241

Los huracanes se originan en las aguas cálidas del mar desde la primavera y principios del verano hasta mediados del otoño. Cuando llegan a tierra, el fuerte oleaje destruye playas, botes y casas. Los vientos ensordecedores doblan y arrancan árboles de raíz y tumban postes de teléfono. Las fuertes lluvias causan inundaciones.

 **DETENTE Y PIENSA**

**Técnica del autor** ¿Cómo te ayuda la descripción que hace el autor a visualizar los efectos de los huracanes?

Las ventiscas son enormes tormentas de nieve.
Sus vientos soplan a 35 millas por hora o más.
Generalmente la nieve cae a dos pulgadas o más por
hora. Las temperaturas son de 20 grados Fahrenheit
o más bajas. Debido a la nieve que cae y sopla por
todas partes, es difícil ver en una ventisca.

Nadie puede impedir las tormentas. Pero los pronósticos del tiempo pueden predecir y advertirnos cuándo puede haber una tormenta. Cuanto más preparados estemos, más seguridad tendremos cuando llegue la próxima tormenta.

# Es tu turno

## Seguridad durante una tormenta

**Hacer un cartel**

Las tormentas fuertes pueden herir a las personas, pero hay maneras de mantenerse a salvo. Trabaja con tu grupo para hacer un cartel. Hagan una lista de dos o tres maneras de mantenerse a salvo durante una tormenta. Dibujen o recorten imágenes para agregar a su cartel.
GRUPO PEQUEÑO.

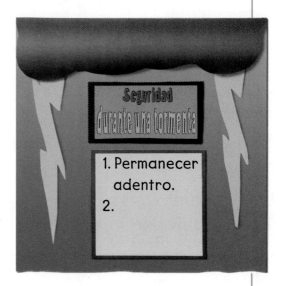

 ## ¿Cuál es cuál?

Con un compañero, vuelve a leer la primera página del texto *Tormentas increíbles.* ¿Qué oraciones hablan sobre la idea principal? ¿Cuáles hablan sobre los detalles? Comenta lo que hallaste.
IDEAS PRINCIPALES Y DETALLES

✔ **VOCABULARIO CLAVE**

| | |
|---|---|
| cuidado | retumbar |
| dañar | impedir |
| doblar | llegar |
| destello | equivaler |

### GÉNERO

En la **poesía** el sonido de las palabras crea imágenes y refleja sentimientos.

### ENFOQUE EN EL TEXTO

La **aliteración** es la repetición de un sonido en un verso.

# Poemas sobre el tiempo

A veces, los poetas se inspiran en el tiempo. En sus poemas describen cómo se doblan los árboles con el viento, el destello de un rayo o los truenos que retumban durante una noche de tormenta.

Los tres poemas que vas a leer son sobre el tiempo. Fíjate en la repetición de sonidos iniciales, o aliteración, en el poema "Tres, dos, uno, ¡trueno!". ¿Suena como un trueno?

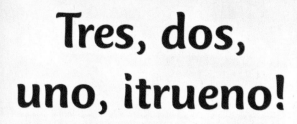

# Tres, dos, uno, ¡trueno!

Primero, un aguacero.

Tres, dos, uno, ¡cero!

Traquetea el trueno

a través del cielo.

*Colimbo*

# Copos de nieve

Nieve,
nieve
¡me hace feliz!,
copos de nieve sobre mi nariz.

Ay,
ay,
¡cómo se siente!,
copos de nieve sobre mi frente.

Ja,
ja,
¿en dónde estás?
¡que esta nieve no pare jamás!

*por Esmeralda Olivo*

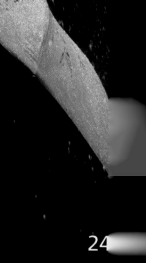

24

# Sol matutino

calienta
mi cama
por la mañana

el Sol
me llama
a través de la ventana

"despertarse
levantar
vamos a cabo"

*por Francisco X. Alarcón*

# Escribe un poema sobre el tiempo

Escribe un poema sobre el tiempo. Puedes contar que los días soleados del verano equivalen a diversión; puedes decir que se debe tener cuidado con las tormentas, porque pueden llegar a ser peligrosas o a dañar edificios. Si quieres, puedes escribir un poema divertido sobre ¡cómo impedir que se forme una tormenta!

# Hacer conexiones

## El texto y tú

**Hacer un plan** Elige una clase de tormenta de *Tormentas increíbles*. Con la clase comenta los pasos que tomarías para estar a salvo con ese tiempo. Habla sólo cuando sea tu turno.

## De texto a texto

**Conectar con las Ciencias** Piensa en el tiempo descrito en *Tormentas increíbles* y en "Poemas sobre el tiempo". Haz dibujos de los dos que te parecieron más interesantes. Escribe una leyenda para cada uno.

Los ciclones llevan vientos fuertes que soplan en círculo.

## El texto y el mundo

**Observar el tiempo local** ¿Cómo es el tiempo en donde vives? Haz una lista de cada tipo. Compara tus ideas con las de un compañero.

# Gramática

**El verbo** El **verbo** es la parte del **predicado** que cuenta lo que hace el sujeto.

Los verbos terminan en *-ar, -er* o *-ir*. Esas terminaciones cambian según la persona, animal o cosa que realiza la acción y el tiempo en que la realiza.

**Lenguaje académico**

verbo
predicado

---

### Verbos en oraciones

La lluvia cae.

El viento sopla con fuerza.

La tormenta destruyó casas.

El tornado tumbó muchos árboles.

---

**Turnarse y comentar** **Trabaja con un compañero. Lee las oraciones en voz alta e identifica el verbo de cada oración.**

1. Aprendí acerca de los tornados.

2. Nos quedamos adentro.

3. Los tornados se forman en el verano.

4. El relámpago asustó a mi gato.

**Elección de palabras** Cuando escribas, usa verbos
precisos. De esa forma, las oraciones cobran vida y
el lector sabe exactamente qué está pasando.

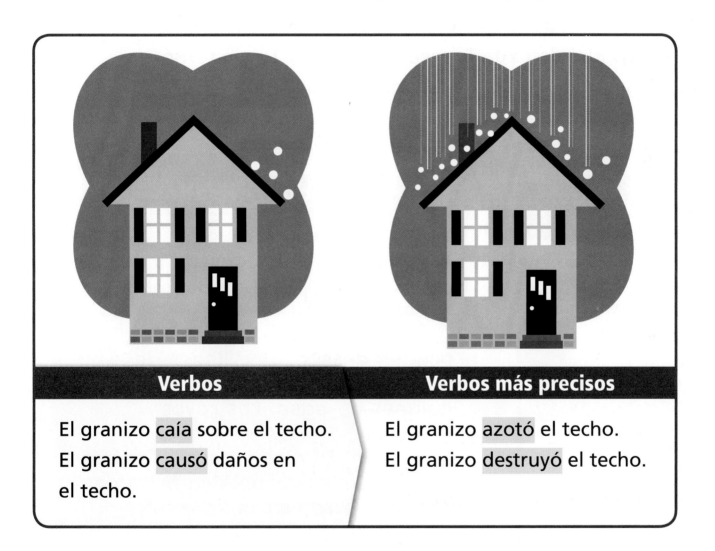

| Verbos | Verbos más precisos |
|---|---|
| El granizo caía sobre el techo. | El granizo azotó el techo. |
| El granizo causó daños en el techo. | El granizo destruyó el techo. |

## Relacionar la gramática con la escritura

**Cuando revises tu párrafo, identifica verbos que
puedas reemplazar por verbos más precisos.**

# Escribir para informar

**✔ Voz** Cuando escribas un **párrafo informativo,** acuérdate de usar tus propias palabras. No copies las palabras que escribió otra persona.

Rob hizo el borrador de un párrafo sobre las tormentas eléctricas. Usó datos de *Tormentas increíbles.* Luego revisó algunas oraciones para usar sus propias palabras.

## Lista de control de la escritura

**✔ Ideas**
¿Usé datos en lugar de opiniones?

**✔ Voz**
¿Usé mis propias palabras?

**✔ Fluidez de la oración**
¿Quité las oraciones breves y cortadas?

**✔ Convenciones**
¿Escribí con cuidado y dejé márgenes?

## Borrador revisado

Las tormentas eléctricas traen
mucha lluvia. ~~En apenas un minuto~~ ¡Millones de galones
~~pueden descargar millones de~~ de lluvia pueden caer en un minuto!
~~galones de agua.~~ Los rayos
destruyen árboles y casas. ~~También~~ Los rayos también pueden provocar
~~pueden causar incendios en los~~ incendios en los árboles y en el pasto.
~~bosques y en las praderas.~~

# Las tormentas eléctricas

### por Rob Singh

Las tormentas eléctricas traen mucha lluvia. ¡Millones de galones de lluvia pueden caer en un minuto! Los rayos pueden provocar incendios en los árboles o en el pasto. Se puede decir a qué distancia está un rayo contando los segundos entre el destello de luz y el sonido del trueno. Para cada cinco segundos, se calcula una milla de distancia.

> **Me aseguré de usar mis propias palabras para presentar los datos.**

## Leer como escritor

**¿Cómo habló Rob sobre los datos a su manera?**

**¿Qué partes de tu párrafo podrías volver a decir usando tus propias palabras?**

**Cómo la ardilla obtuvo sus rayas**
Joseph Bruchac y James Bruchac
Ilustrado por José Aruego y Ariane Dewey

**¿Por qué los conejos tienen la cola corta?**

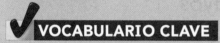
✓ **VOCABULARIO CLAVE**

**túnel**

**acurrucarse**

**altura**

**dirección**

**hacia**

**curar**

**presumir**

**provocar**

Librito de vocabulario

Tarjetas de contexto

*Cuentos folklóricos de los indios americanos*

# Vocabulario en contexto

- Lee cada **Tarjeta de contexto**.

- Haz una pregunta con una de las palabras del vocabulario.

**1**
## túnel
Las ardillas listadas saben cómo construir un túnel, o pasadizo subterráneo.

**2**
## acurrucarse
Este zorro se acurrucó para abrigarse con su espesa cola.

### 3 altura

Las águilas construyen sus nidos a gran altura para proteger a sus crías.

### 4 dirección

Un búho puede mirar en cualquier dirección. Puede hacer girar su cabeza.

### 5 hacia

Estos ositos corren hacia su mamá en busca de protección.

### 6 curar

Tuvieron que tener mucho cuidado mientras curaban a este pangolín herido.

### 7 presumir

Estos cuernos son algo como para presumir. ¡Son impresionantes!

### 8 provocar

Yo no quiero provocar a un animal como este porque puede ser peligroso.

# Contexto

✔ **VOCABULARIO CLAVE**  **Cuentos populares**  Un cuento popular es una historia popular que la gente ha contado por muchos años. Algunas de ellas hablan de alguien a quien le gusta presumir de su fuerza o de su altura. A algunos de esos protagonistas les gusta provocar a otros y eso les trae problemas. Los cuentos populares explican cómo se curó la cola de un oso herido o por qué la cola de una ardilla se enrolla hacia arriba. Cuentan por qué el tejón duerme acurrucado en un túnel o por qué ciertos viajeros van en dirección a un pueblo.

**Una leyenda indígena cuenta cómo el coyote le dio el fuego a los humanos.**

# Comprensión

**Comprender a los personajes**

En *Cómo la ardilla obtuvo sus rayas*, Oso y Ardilla Marrón hablan y actúan como si fueran personas. Usa las claves del cuento y lo que sabes para comprender las acciones de los personajes. Anota las claves del cuento y tus ideas en una tabla como esta.

| Palabras | Acciones | Lo que sé |
|---|---|---|
|  |  |  |

✔ ESTRATEGIA CLAVE **Resumir**

En distintas partes del cuento, resume o expresa con tus propias palabras por qué Oso y Ardilla Marrón actúan así. Resumir te ayudará a comprender mejor lo que pasa al final del cuento. Si no entiendes algo, puedes volver a leer el texto lentamente.

**Cómo la ardilla obtuvo sus rayas**
Joseph Bruchac y James Bruchac
ilustrado por José Aruego y Ariane Dewey

## VOCABULARIO CLAVE

| | |
|---|---|
| túnel | hacia |
| acurrucarse | curar |
| altura | presumir |
| dirección | provocar |

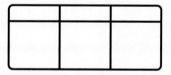
## DESTREZA CLAVE

**Comprender a los personajes** Cuenta más sobre los personajes.

| | | |
|---|---|---|
| | | |
| | | |

## ESTRATEGIA CLAVE

**Resumir** Detente para contar los sucesos más importantes del cuento.

### GÉNERO

Un **cuento folclórico** es un relato que se cuenta en un país determinado.

## CONOCE A LOS AUTORES

# Joseph Bruchac y James Bruchac

De niño, Joseph Bruchac escuchaba las historias que su abuelo le contaba sobre su patrimonio cultural indígena. Luego, Joseph le transmitió estas historias a su hijo, James. Ahora, este equipo de padre e hijo escriben libros juntos, como el libro que estás a punto de leer y *Raccoon's Last Race* (La última carrera de Mapache).

## CONOCE A LOS ILUSTRADORES

# José Aruego y Ariane Dewey

Estos dos artistas forman un excelente equipo. Cuando están trabajando en las ilustraciones de un libro, José Aruego primero traza el contorno de los personajes con pluma y tinta. Y luego, Ariane Dewey les agrega los colores. De esta manera, han ilustrado más de 60 libros.

# Cómo la ardilla obtuvo sus rayas

por Joseph Bruchac y James Bruchac
ilustrado por José Aruego y Ariane Dewey

## Pregunta esencial

¿Qué aprendes sobre un personaje si miras cómo actúa?

259

Hace mucho, mucho tiempo, en una tarde de otoño, Oso salió a dar un paseo. Y en el camino, comenzó a presumir:

—Soy Oso. El animal más grande
que existe. ¡Sí, lo soy!
Soy el animal más fuerte del mundo.
¡Sí, ese soy yo!
Soy Oso, el animal más ruidoso.
¡Sí, ese soy yo!
Soy Oso, soy Oso.
Todo lo puedo. ¡Claro que puedo!

Apenas terminó Oso de hablar, una vocecita le habló desde el suelo:

—¿Es cierto que puedes hacer cualquier cosa?

Oso miró hacia abajo. Vio una ardillita marrón parada en sus patas traseras.

—¿Es verdad que puedes hacer cualquier cosa?

—Ardilla Marrón preguntó de nuevo.

Oso sacó pecho:

—Soy Oso. Todo lo puedo. ¡Claro que puedo!

—¿Puedes decirle al sol que no salga mañana por la mañana? —preguntó Ardilla Marrón.

—Nunca lo he intentado. Pero soy Oso. Puedo hacerlo. ¡Claro que puedo!

☑ **DETENTE Y PIENSA**
**Comprender a los personajes**
¿Qué te dice que Oso cree que es un animal maravilloso?

Oso se volteó hacia el oeste para estar de cara al sol. Era la hora en que siempre se ponía el sol. Oso se puso de pie y, con su gran altura, dijo en voz alta:

—SOL, NO SALGAS MAÑANA.

Ante estas palabras, el sol comenzó a desaparecer detrás de las colinas.

—¿Ves? —dijo Oso—. El sol me tiene miedo. Huye de mí.

—Pero, ¿saldrá mañana el sol? —preguntó Ardilla Marrón.

—No —respondió Oso—. ¡El sol no saldrá!

Luego, Oso se volteó hacia el este, la dirección por donde el sol siempre salía. Se sentó. La pequeña Ardilla Marrón se sentó a su lado. No durmieron en toda la noche. En toda la noche, Oso no dejó de decir:

—¡El sol no va a salir, dunga, lunga!

¡El sol no va a salir, dunga, lunga!

Pero al pasar la noche, la pequeña Ardilla Marrón también comenzó a decir algo. Dijo estas palabras:

—¡El sol sí va a salir, ajá, ajá!

¡El sol sí va a salir, ajá, ajá!

Pasaron la noche allí sentados. Los otros animales se
les fueron uniendo. Zorro y Lobo, Ciervo y Alce, Conejo y
Puercoespín, Halcón y Búho, Nutria y Castor, Rana y Tortuga.
Y hasta ratoncitos vinieron. Querían ver quién tendría la razón,
Oso o Ardilla Marrón. Esto es lo que los demás animales oían:

—¡El sol no va a salir, dunga, lunga!
—¡El sol sí va a salir, ajá, ajá!
—¡El sol no va a salir, dunga, lunga!
—¡El sol sí va a salir, ajá, ajá!

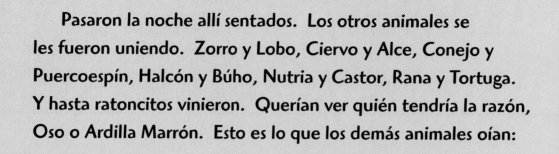

**DETENTE Y PIENSA**

**Técnica de los autores**

¿Por qué crees que los autores
repiten las oraciones de Oso y
Ardilla Marrón?

Por fin, era ya justo antes del amanecer, la hora de la salida del sol.

—Mira —dijo Tortuga—, empieza a verse un poco de rojo.

—Sí —dijo Búho—. Creo que el sol va a salir.

Oso cantó con voz aún más fuerte:

—¡El sol no va a salir, dunga, lunga!

Y a su lado, la pequeña Ardilla Marrón alzaba la voz:

—¡El sol sí va a salir, ajá, ajá!

Y el sol salió. Las aves cantaron sus cantos de bienvenida. La brillante luz del nuevo día iluminó la tierra. Todos los animales estaban contentos, menos uno. Ese animal era Oso, que se sentó cabizbajo y con el semblante gruñón.

El animal más contento de todos era la pequeña Ardilla Marrón.

—Salió el sol —chilló—. Salió el sol, salió el sol, salió el sol.

Ardilla Marrón estaba tan contenta que se le olvidó lo que su sabia abuela le había dicho cuando era pequeña.

—Ardilla Marrón —le había dicho su abuela—, es bueno tener razón; pero cuando alguien está equivocado, no es bueno provocarlo.

Pero la pequeña Ardilla Marrón comenzó a burlarse de Oso.

—Qué bobo es Oso, el sol sí salió.

Qué tonto es Oso, el sol sí salió.

Qué estúpido es Oso, el sol...

## ¡CATAPLUM!

La gran garra de Oso cayó sobre la pequeña Ardilla Marrón, aplastándola contra el suelo. Oso se agachó y abrió la enorme boca.

—Sí —gruñó Oso—. El sol sí salió. Sí, parezco tonto. Pero tú no volverás a ver otro amanecer. Nunca más te burlarás de alguien, porque yo, Oso, te voy a comer.

Ardilla Marrón pensó con rapidez.

—Tienes razón en querer comerme —dijo—. Me equivoqué al burlarme de ti. Sin embargo, me gustaría disculparme antes de que me comas. Pero, me estás apretando tan fuerte que no puedo hablar. No puedo decir nada. Ni siquiera puedo respirar. Si levantaras la garra aunque fuera un poquito, yo podría respirar bien y disculparme antes de que me comas.

—Me parece bien —dijo Oso—. Me gustaría oír una disculpa antes de comerte.

Oso levantó la garra. Pero en vez de disculparse, Ardilla Marrón corrió. Corrió tan rápido como pudo hacia el montón de piedras en donde estaba su casa. Debajo de esas piedras había un túnel y una acogedora madriguera subterránea. La abuela de la pequeña Ardilla Marrón la esperaba en la puerta.

—Apresúrate, Ardilla Marrón —la llamaba—. ¡Corre, date prisa!

✔ **DETENTE Y PIENSA**
**Resumir** ¿Cómo se escapó de Oso la pequeña Ardilla Marrón?

La pequeña Ardilla Marrón se lanzó de cabeza hacia la puerta de su casa. Pero Oso era más rápido de lo que parecía. Y alcanzó a la pequeña Ardilla Marrón con su gran garra. Las garras de Oso, largas y afiladas, rasgaron el lomo de Ardilla Marrón de la cabeza a la cola.

Pero Ardilla Marrón logró escaparse. En el fondo de su
madriguera, donde Oso no podía hallarla, Ardilla Marrón
se acurrucó junto a su abuela y durmió todo el invierno,
mientras los desgarrones del lomo se le curaban.

Cuando volvió la primavera, la pequeña Ardilla Marrón
salió de su agujero y se miró. Tenía rayas largas y pálidas en el
lomo, donde Oso la había arañado. Ya no era Ardilla Marrón.
Ahora se llamaría Ardilla Listada, la que tiene rayas.

Y así fue como la Ardilla Listada obtuvo sus rayas. Desde entonces, Ardilla Listada es el primer animal en levantarse por la mañana. Cuando sale el sol, se sube a la punta del árbol más alto para cantar su canto:

—Salió el sol,
salió el sol,
salió el sol,
salió el sol.

Y desde entonces, Oso es el último animal en levantarse. No le gusta oír el llamado de Ardilla Listada. Le recuerda —así como nos recuerda a todos— que nadie, ni siquiera Oso, lo puede todo.

# Es tu turno

## Lección aprendida

**Escribir una nota**

Escribe una nota a Ardilla Marrón. Cuéntale lo que aprendiste de ella sobre burlarse de los demás. Asegúrate de usar oraciones completas. RESPUESTA PERSONAL

## Pistas de los personajes

Vuelve a hojear el cuento con un compañero. Juntos, hagan una lista con las acciones de Oso. ¿Qué les dicen las acciones acerca de Oso? Comenten sus ideas. COMPRENDER A LOS PERSONAJES

✔ **VOCABULARIO CLAVE**

| | |
|---|---|
| túnel | hacia |
| acurrucarse | curar |
| altura | presumir |
| dirección | provocar |

**GÉNERO**

Los **cuentos tradicionales** son cuentos que se han contado por muchos años.

**ENFOQUE EN EL TEXTO**

Los **cuentos populares** se transmiten oralmente y se cuentan para entretener o para explicar cosas.

# ¿Por qué los conejos tienen la cola corta?

**adaptado por Gina Sabella**

Hace mucho tiempo Conejo tenía una cola larga y hermosa. La cola se le enroscaba sobre la espalda como una especie de plumero. Un día, Conejo salió de excursión con su familia.

—Vayamos en dirección al arroyo —dijo Conejo—. Cuando veamos las colinas, iremos hacia la que tiene más altura.

Cuando encontraron esa colina, Conejo se dio cuenta de que tendrían que cruzar el arroyo a nado y se acurrucó para pensar qué hacer.

A Conejo le gustaba presumir. Y ahora temía que alguien empezara a provocarlo para saltar al agua. No sabía nadar y no quería que nadie se enterara.

En ese momento, Conejo vio que Tortuga salía de un túnel con sus diez tortuguitas. Conejo tuvo una idea. Se acercó a Tortuga y le dijo:

—Tienes una familia muy numerosa.

—Sí —respondió Tortuga—. Tengo la familia más numerosa del bosque.

—No te creo —replicó Conejo—. Es posible que mi familia sea aún más numerosa.

—Pon a tus hijos en fila de orilla a orilla del arroyo —dijo Conejo—. Así veremos quién tiene la familia más numerosa.

Las tortugas se pusieron en fila. Y en ese momento, Conejo y los suyos cruzaron el arroyo por encima de sus caparazones.

Tortuga se enfadó y trató de agarrar a Conejo por la cola. Pero la cola se rompió y Conejo consiguió huir. Mientras le curaban la herida, Conejo pensó que ningún conejo volvería a tener la cola tan larga y hermosa como él la tenía. Y así fue.

# Hacer conexiones

 **El texto y tú**

**Representar una lección** Todos los personajes de los cuentos que leíste aprenden una lección. Representa a un compañero una lección que aprendiste. Pídele que adivine lo que aprendiste.

 **De texto a texto**

**Comparar la estructura del cuento**
¿En qué se parecen y en qué se diferencian los personajes, el ambiente y la trama de las dos selecciones que leíste? Escribe algunas oraciones para explicarlo.

 **El texto y el mundo**

**Explorar cuentos tradicionales** *Cómo la ardilla obtuvo sus rayas* y "¿Por qué los conejos tienen la cola corta?", ¿son cuentos imaginarios o verídicos? Comenta tus ideas con la clase.

# Gramática

**Verbos en presente** Un **verbo** en **presente** cuenta una acción que sucede en este momento. Los verbos que se refieren a sustantivos singulares terminan en -*a* o en -*e*. Los verbos que se refieren a sustantivos plurales terminan en -*an* o -*en*.

| Verbos con sustantivos singulares | Verbos con sustantivos plurales |
|---|---|
| El oso duerme. | Los osos duermen. |
| El animal descansa. | Los animales descansan. |
| La ardilla corre. | Las ardillas corren. |

**¡Inténtalo!** **Elige la forma del verbo que complete cada oración correctamente. Escribe la oración en una hoja aparte.**

1. La ardilla (aprende, aprenden) una lección.

2. ¡Los osos (araña, arañan)!

3. El animal (se esconde, se esconden) en un hueco.

4. Muchos días (pasa, pasan) antes de que el animal vuelva a salir.

**Fluidez de la oración** Recuerda que dos oraciones cortas que tienen el mismo sujeto se pueden unir para formar una oración más larga. Une las oraciones escribiendo **y** entre los dos predicados. Esto le dará mayor claridad a tu párrafo.

### Oraciones cortas

Las ardillas hallan nueces.

Las ardillas guardan su alimento para el invierno.

### Nueva oración con los dos predicados

Las ardillas hallan nueces y guardan su alimento para el invierno.

## Relacionar la gramática con la escritura

**Cuando revises tus instrucciones, trata de unir las oraciones cortas que tengan el mismo sujeto.**

# Escribir para informar

☑️ **Ideas** Antes de escribir **instrucciones**, piensa en los pasos importantes. ¿Qué necesita saber tu lector para hacer este proyecto?

Cuando Ramona planeó las instrucciones para construir un comedero de pájaros, hizo una lista de los materiales y de los pasos importantes. Luego numeró los pasos en orden y los organizó en un cuadro.

## Lista de control del proceso de escritura

▶ **Preparación para la escritura**

- ☑️ **¿Pensé en mi público y en mi propósito?**
- ☑️ **¿Elegí un tema que conozco bien?**
- ☑️ **¿Incluí todos los pasos importantes?**
- ☑️ **¿Están los pasos en el orden correcto?**

**Hacer un borrador**

**Revisar**

**Corregir**

**Publicar y compartir**

## Explorar un tema

Cosas que se necesitan

conos de piña

mantequilla de maní

alpiste

cuchara

∧plato de papel

∧cuerda

Pasos

2 se unta mantequilla de maní en el cono de piña

4 se cuelga de un árbol

3 se hace rodar sobre alpiste

1∧se ata la cuerda al cono de piña

1. Se ata la cuerda al cono de piña.

2. Se unta mantequilla de maní en el cono de piña.

3. Se hace rodar sobre alpiste.

4. Se cuelga de un árbol.

Cuando organicé mis instrucciones, me aseguré de que estuvieran todos los pasos importantes.

## Leer como escritor

¿Qué pasos útiles agregó Ramona? ¿En qué lugar de tu cuadro puedes agregar pasos importantes?

✓ **VOCABULARIO CLAVE**

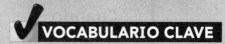

**millón**

**opción**

**a la deriva**

**sencillo**

**débil**

**envolver**

**desagradable**

**decidir**

| Librito de vocabulario | Tarjetas de contexto |
|---|---|

# Vocabulario en contexto

- Lee cada **Tarjeta de contexto**.

- **Cuenta un cuento sobre dos de las fotografías usando las palabras del vocabulario.**

**1**
## millón
Parece que este tiburón tuviera millones de dientes, pero sólo tiene unas docenas.

**2**
## opción
Los visitantes del acuario tienen muchas opciones para ver animales.

### 3    a la deriva

Las nutrias astutas como esta no van a la deriva por las corrientes de agua.

### 4    sencillo

Para los delfines, hacer piruetas fuera del agua es muy sencillo.

### 5    débil

Una de las pinzas del cangrejo es más débil que la otra.

### 6    envolver

El pulpo tiene envuelta a su presa en sus largos tentáculos.

### 7    desagradable

La basura acumulada en la playa huele muy desagradable.

### 8    decidir

Tienes que decidir, ¿es este animal una estrella de mar o un cangrejo?

# Contexto

✔ VOCABULARIO CLAVE **Vida marina** En nuestros océanos viven millones de animales. Hay criaturas sencillas, como las medusas, que flotan a la deriva con las corrientes. Los animales más fuertes se comen a los débiles. Cuando un pulpo envuelve sus tentáculos alrededor de una almeja, la almeja no se escapa. Las ballenas azules comen los diminutos krill que flotan a su paso. Los krill tienen menos opciones. Los calamares se esconden en nubes de tinta muy desagradables. Una vez que una medusa pica a una tortuga, la tortuga decide que no es buena para comer.

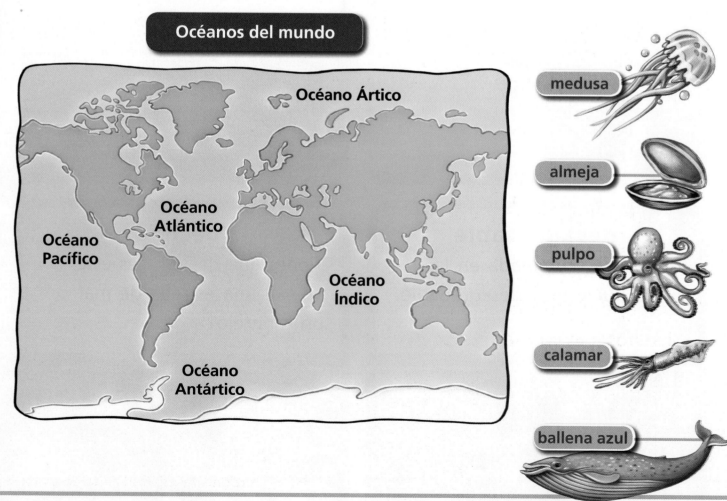

**Océanos del mundo**

Océano Ártico

Océano Atlántico

Océano Pacífico

Océano Índico

Océano Antártico

medusa

almeja

pulpo

calamar

ballena azul

# Comprensión

✔ **DESTREZA CLAVE** ## Hechos y opiniones

En *Medusas* se encuentran muchos datos basados en hechos sobre las medusas y también, algunas opiniones. Al leer, debes distinguir las oraciones que te dan datos de las que afirman las opiniones del autor. Anota los hechos y las opiniones en una tabla como esta.

| Hecho | Opinión |
|-------|---------|
|       |         |

✔ **ESTRATEGIA CLAVE** ## Verificar/Aclarar

Cuando leas, haz pausas para asegurarte de que comprendes los detalles del cuento. Los buenos lectores verifican el texto y aclaran ideas para comprender lo que leen y dar sentido a la nueva información. La tabla de hechos y opiniones puede ayudarte.

LA VIDA DE LAS MEDUSAS

## VOCABULARIO CLAVE

millón             débil

opción            envolver

a la deriva     desagradable

sencillo          decidir

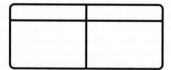

## DESTREZA CLAVE

**Hecho y opinión**
Di si una idea puede comprobarse o si es un sentimiento.

## ESTRATEGIA CLAVE

**Verificar/Aclarar** Busca maneras de averiguar lo que no tiene sentido.

### GÉNERO

Un **texto informativo** da datos sobre un tema.

**CONOCE A LA AUTORA**

# Twig C. George

La pasión de Twig C. George por la naturaleza se despertó gracias a su madre, la escritora Jean Craighead George. En la casa de la familia George había mascotas muy poco comunes, como tarántulas, gaviotas, cuervos y un mochuelo al que le gustaba ducharse. Hoy, Twig George cría a sus hijos en plena naturaleza.

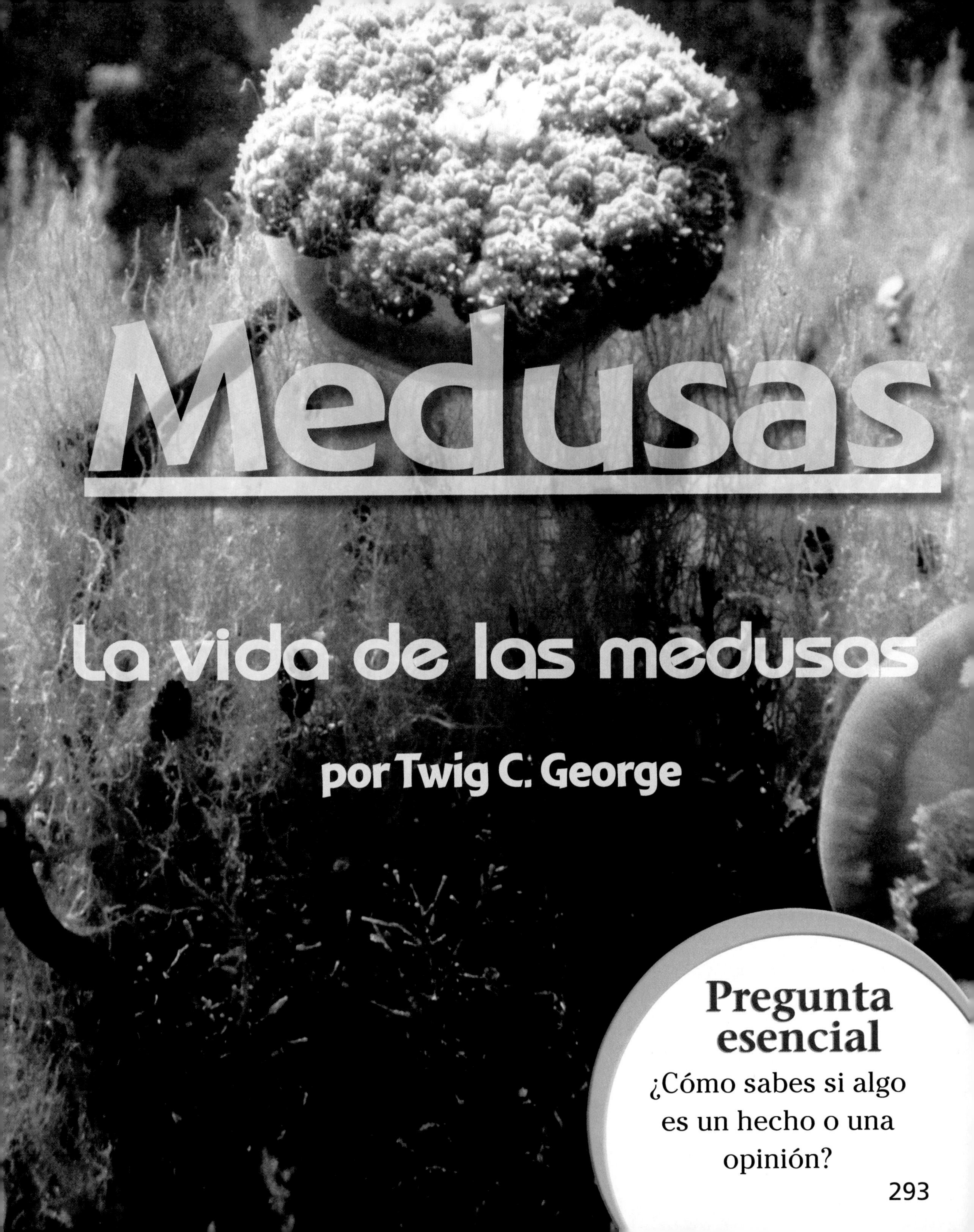

# Medusas

## La vida de las medusas

por Twig C. George

**Pregunta esencial**

¿Cómo sabes si algo es un hecho o una opinión?

293

Si fueras una medusa tendrías dos opciones: bajar o subir. Eso es todo. Dos. No tendrías cerebro, así que no podrías decidir qué comer de desayuno o adónde ir para el almuerzo.

Medusa
Casiopea

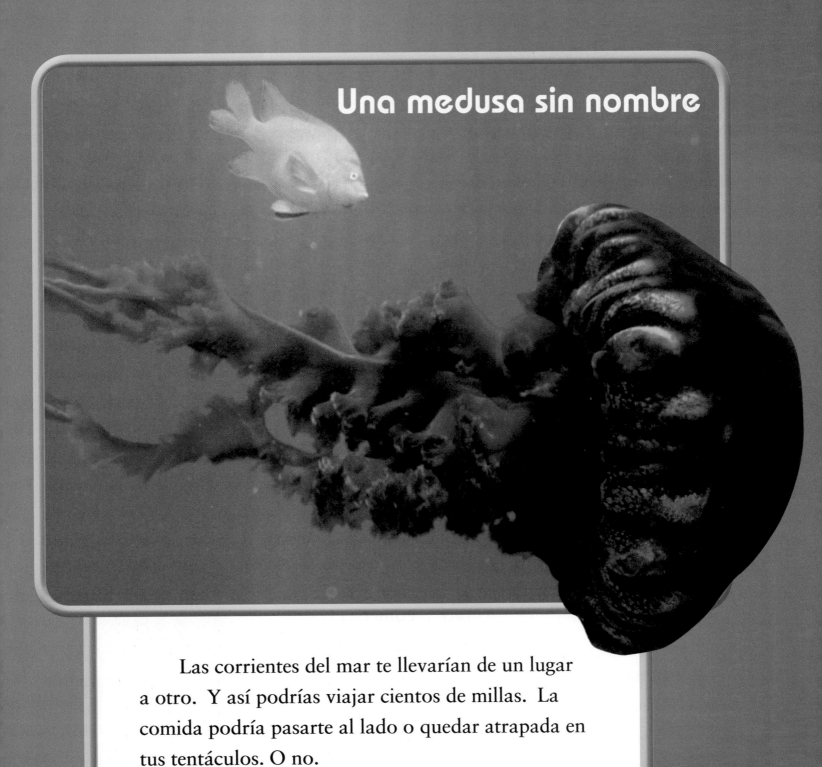

# Una medusa sin nombre

Las corrientes del mar te llevarían de un lugar a otro. Y así podrías viajar cientos de millas. La comida podría pasarte al lado o quedar atrapada en tus tentáculos. O no.

# Medusa
blanca

Las tortugas de mar, los delfines y los
tiburones ballena intentarían comerte.

No te preocuparías, porque no podrías
preocuparte.

Solo flotarías.

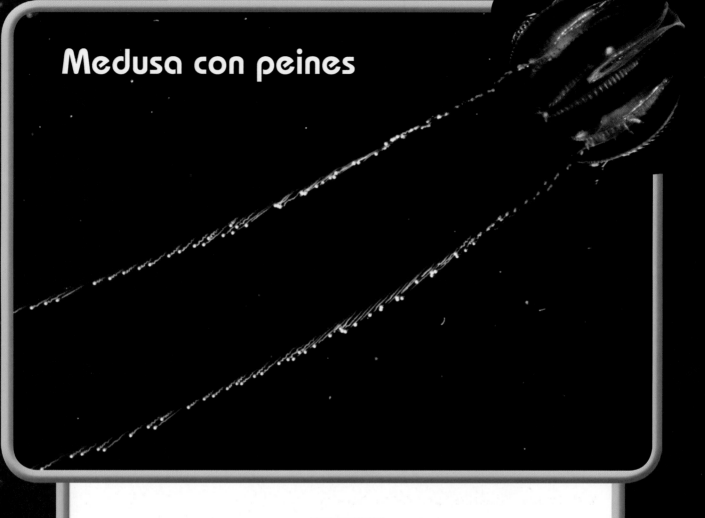

# Medusa con peines

Te protegerías con millones de células diminutas que reaccionan cuando otro animal las toca y sueltan una sustancia que irrita la piel. Como un arco y una flecha. No sabrías si estás hiriendo a un amigo o a un enemigo. ¡Ni siquiera sabrías lo que es un amigo o un enemigo!

Las medusas pican para protegerse y para atrapar su comida. Eso es todo. No cazan ni persiguen su alimento. Solo se impulsan y pican. Se impulsan y pican.

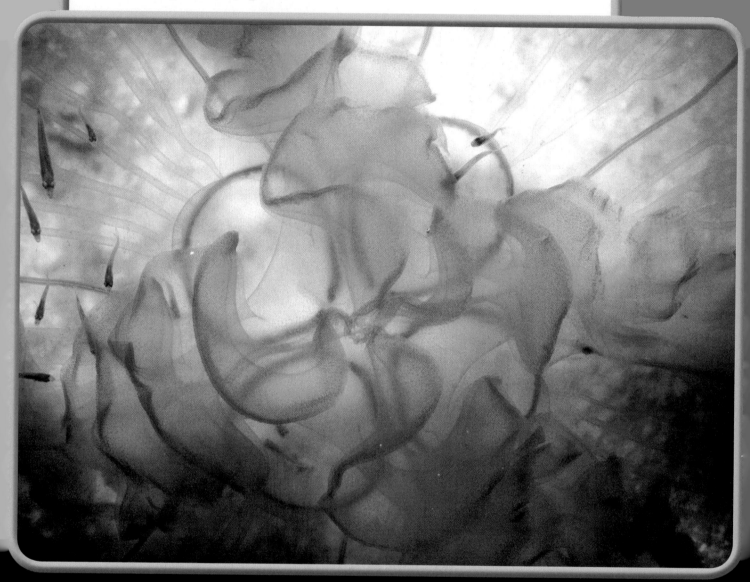

Los pececitos nadan dentro y fuera de la cúpula de esta medusa.

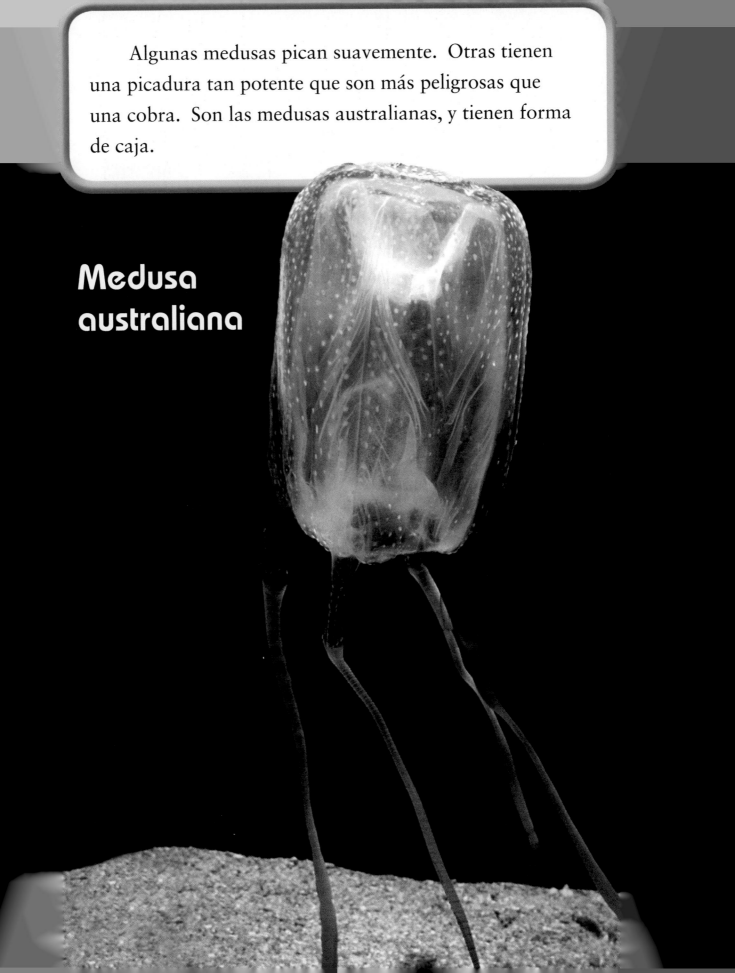

Algunas medusas pican suavemente. Otras tienen una picadura tan potente que son más peligrosas que una cobra. Son las medusas australianas, y tienen forma de caja.

Medusa
australiana

# Medusa dedal

Las medusas son tan sencillas que parecen trozos de plástico que flotan en el mar. Cuando un animal se come a una medusa no le pasa nada. Pero cuando un animal come plástico se pone muy débil y se muere.

**Medusa Casiopea**

Algunas medusas viven en aguas poco profundas, cristalinas y cálidas, y producen su propio alimento. Este tipo se llama medusa Casiopea. Comen pequeñas cantidades de algas, tan solo una vez, y pueden producir más en su interior a la luz del sol. Son su propio invernadero y supermercado, todo envuelto en un mismo cuerpo.

 **DETENTE Y PIENSA**

**Verificar/Aclarar** ¿Qué necesitas saber para entender cómo una medusa Casiopea obtiene su alimento?

**Carabela portuguesa**

Las medusas tienen forma de campana, con al menos una boca y tentáculos. Muchos animales llamados medusa son realmente otra cosa. La carabela portuguesa no es una medusa. Es una burbuja llena de aire en vez de una campana llena de agua.

Las medusas se componen casi completamente de agua y un poco de proteína. Tienen un aspecto viscoso y desagradable cuando llegan a las playas.

Medusa de cuatro ojos

✔ **DETENTE Y PIENSA**
**Hecho y opinión** Nombra uno de los hechos que menciona la autora en el texto.

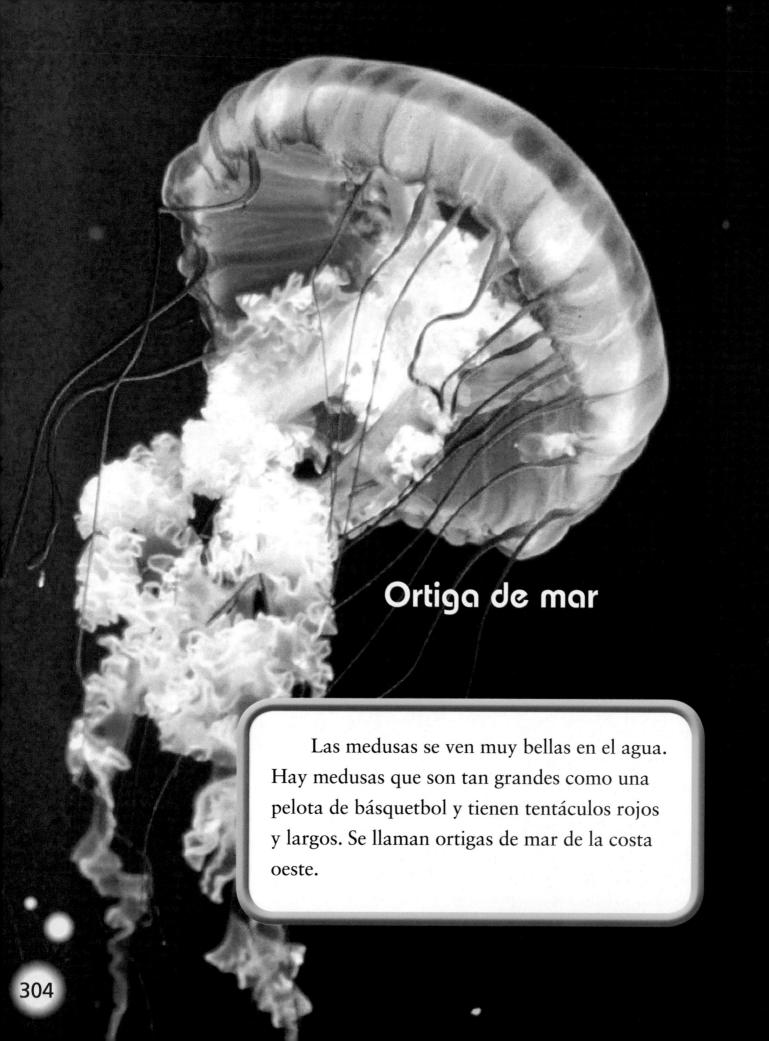

# Ortiga de mar

Las medusas se ven muy bellas en el agua. Hay medusas que son tan grandes como una pelota de básquetbol y tienen tentáculos rojos y largos. Se llaman ortigas de mar de la costa oeste.

Hay medusas muy pequeñas y elegantes
que parecen una tormenta de copos de nieve.

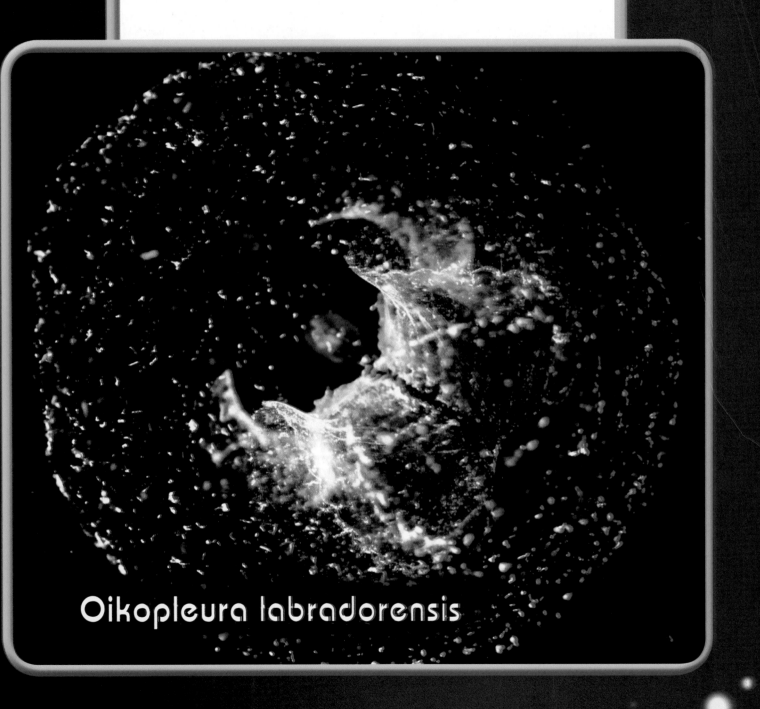

Oikopleura labradorensis

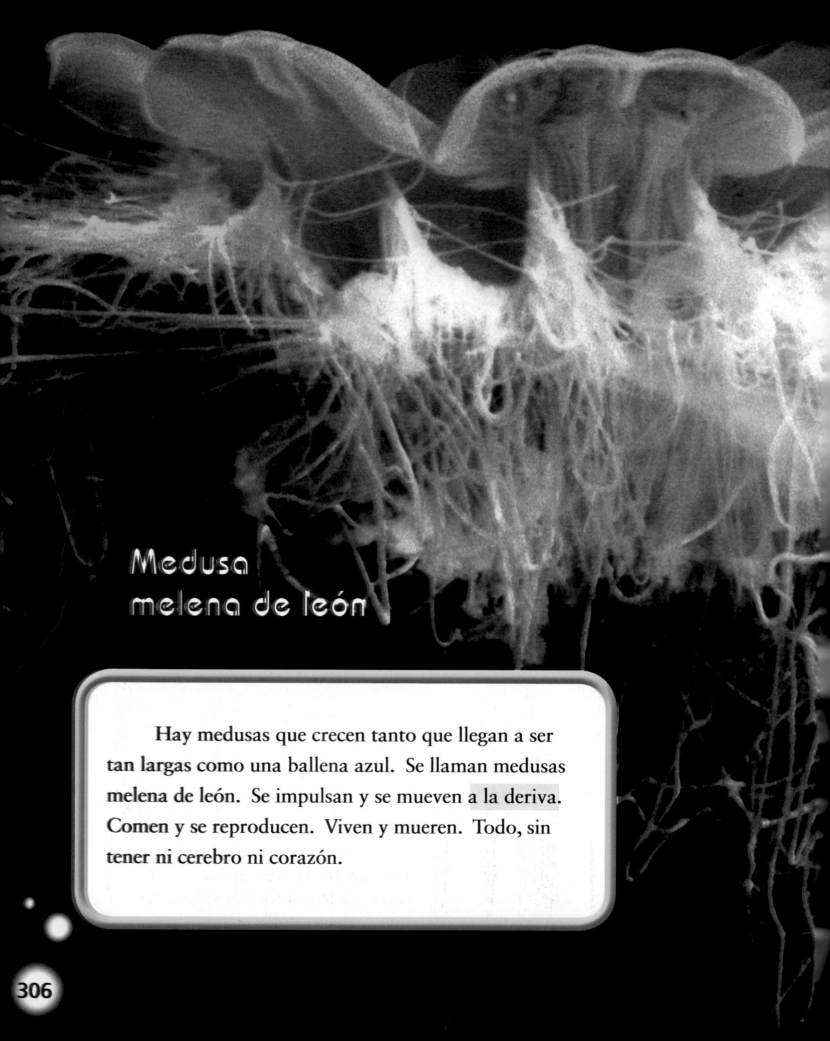

Medusa
melena de león

Hay medusas que crecen tanto que llegan a ser tan largas como una ballena azul. Se llaman medusas melena de león. Se impulsan y se mueven a la deriva. Comen y se reproducen. Viven y mueren. Todo, sin tener ni cerebro ni corazón.

**✓ DETENTE Y PIENSA**
**Técnica de la autora** ¿Por qué compara la autora la medusa con una ballena azul?

**Medusa dorada**

Algún día quizás tengas la suerte de ver el mar lleno de medusas. Y como tienes cerebro y corazón, sabrás que estás viendo algo inolvidable.

# Es tu turno

## Medusas movedizas

**Escribir un poema** Piensa en todo lo que aprendiste sobre las medusas. Luego, trabaja con un compañero para escribir un poema sobre ellas.
Trata de hacerlo gracioso. Usa todas las palabras que comiencen con *m* que puedas. PAREJAS

Medusa movediza,

se mueve en el mar

Medusa mojadita,

¡le encanta nadar!

Turnarse y comentar — ¿Es un hecho?

Vuelve a hojear *Medusas*. Halla una oración que sea un hecho. Ahora, halla una oración que sea una opinión. Pide a un compañero que te diga cuál es cuál. HECHO Y OPINIÓN

# Estudios Sociales

✔ **VOCABULARIO CLAVE**

| | |
|---|---|
| millón | débil |
| opción | envolver |
| a la deriva | desagradable |
| sencillo | decidir |

### GÉNERO

Un **texto informativo** da datos sobre un tema. Este es un artículo de **Estudios Sociales.**

### ENFOQUE EN EL TEXTO

Un **diagrama** es un dibujo que muestra cómo algo funciona.

# Conoce a Norbert Wu

## Un día de trabajo

Cuando Norbert Wu sale a trabajar, ¡siempre lleva sus aletas de buceo! ¿Por qué? Por que el Sr. Wu trabaja bajo el agua. Millones de criaturas viven en el agua. Su trabajo es sacarles fotos.

# Decisiones importantes

El trabajo del Sr. Wu no es sencillo. A veces se le presentan opciones difíciles. Tiene que decidir, por ejemplo, dónde bucear o qué cámara usar. Muchas personas piensan que sería desagradable estar siempre empapado. Pero no el Sr. Wu. Él piensa que su trabajo es divertido. Vive en California, pero a veces tiene que viajar. Ha fotografiado arañas de mar en la Antártida. Ha tomado fotos de peces rana de Indonesia. Ha visto pepinos de mar que flotan a la deriva por las corrientes marinas y a más de un pez envuelto en los tentáculos de un pulpo.

# El equipo de buceo

Para sacar buenas fotografías, el Sr. Wu tiene que usar cámaras especiales. ¡Fíjate lo que viste para ir al trabajo!

**Tanque de aire**
El tanque de aire contiene el oxígeno que respira Wu.

**Aletas**
Los pies son más débiles que las aletas para nadar. Wu lleva unas aletas de goma para nadar mejor.

**Cámara**
Wu lleva una cámara especial que se puede usar bajo el agua.

# Hacer conexiones

 **El texto y tú**

**Pensar en trabajos** ¿Preferirías escribir sobre animales marinos o tomarles fotografías? Explica con ejemplos de *Medusas* y de "Conoce a Norbert Wu".

 **De texto a texto**

**Comparar leyendas** Elige la leyenda de una fotografía de *Medusas* y de una de "Conoce a Norbert Wu". Dile a tu compañero en qué se parecen y en qué se diferencian las leyendas.

 **El texto y el mundo**

**Conectar con las Ciencias** Elige un animal marino del que hayas leído en *Medusas* o en "Conoce a Norbert Wu". Busca fuentes de información y úsalas para investigar a ese animal. Comparte tus datos con un compañero.

Datos sobre tiburones

# Gramática

**Verbos en pasado** Los verbos en pasado se usan para **contar** o **describir** algo que sucedió antes del momento de hablar. Las terminaciones de los verbos indican el tiempo de la acción y la persona o cosa sobre la que se está describiendo o contando algo.

| Contar algo en pasado | Describir algo en pasado |
|---|---|
| Nosotros vimos varias medusas en el acuario. | Las medusas tenían forma de campana. |
| Una medusa atrapó un pez con sus tentáculos. | Sus tentáculos eran rojos y largos. |
| Un pez grande se comió a uno pequeño. | Los peces nadaban muy lentamente. |

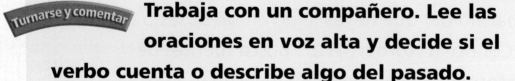

**Turnarse y comentar** **Trabaja con un compañero. Lee las oraciones en voz alta y decide si el verbo cuenta o describe algo del pasado.**

❶ Yo fui a bucear con mis amigos.

❷ Vi muchos peces. Unos eran muy grandes.

❸ Todos tenían colores diferentes.

**Fluidez de la oración** Cuando escribas, asegúrate de usar correctamente las formas de los verbos que cuentan o describen algo en el pasado.

| Incorrecto | Correcto |
| --- | --- |
| Los niños juegan en el agua ayer. | Los niños jugaron en el agua ayer. |
| El pulpo fue rosado. | El pulpo era rosado. |

## Relacionar la gramática con la escritura

**Cuando revises tu borrador, asegúrate de haber usado correctamente las formas de los verbos en pasado.**

# Escribir para informar

☑ **Elección de palabras** Es más fácil para los lectores seguir las **instrucciones** si los pasos son claros. Elige palabras que les digan a tus lectores exactamente qué deben hacer.

Después Ramona revisó sus instrucciones y agregó palabras exactas.

## Lista de control del proceso de escritura

**Preparación para la escritura**

**Hacer un borrador**

▶ **Revisar**

☑ ¿Están mis pasos en orden?

☑ ¿Usé palabras como *primero, luego, después* y *por último* que indican el orden cronológico?

☑ ¿Usé palabras exactas para que mis pasos fueran más claros?

☑ ¿Les digo a mis lectores qué hacer con el objeto que prepararon?

**Corregir**

**Publicar y compartir**

## Borrador revisado

Necesitas una piña de un pino, mantequilla de maní, alpiste, ~~un~~ una cuchara ~~utensilio~~, un plato de papel y cuerda.

Primero, ata un extremo de la cuerda a la parte superior de la piña. toma un trozo largo de cuerda.

# Cómo hacer un comedero para pájaros

por Ramona Juárez

Haz un comedero para pájaros fácil y divertido. Necesitarás una piña de pino, mantequilla de maní, alpiste, una cuchara, un plato de papel y cuerda.

Primero, corta un trozo largo de cuerda. Ata un extremo de la cuerda a la parte superior de la piña. Luego, toma una cuchara, saca un poco de mantequilla de maní y úntala por toda la piña. Después, coloca un poco de alpiste en el plato de cartón. Rueda la piña sobre el alpiste.

> Agregué palabras exactas para hacer más claras mis instrucciones.

## Leer como escritor

**¿Qué palabras exactas agregó Ramona para hacer que sus pasos fueran más claros?**

**¿Dónde puedes tú agregar palabras exactas en tus instrucciones?**

# Día de nieve

Era la mañana del viernes. Catalina todavía estaba dormida.
De repente, sintió que su hermana saltaba sobre su cama.
Catalina protestó mientras miraba el reloj. Era muy temprano.

—¡Levántate! —dijo Magdalena—. Tienes que ver esto.

Catalina se levantó y fue hasta la ventana. Vio algo extraño.
¡Había un montón de nieve! Las niñas ya habían visto algunos
copos antes, pero esto era muy raro.

—¡Hagamos un muñeco de nieve! —gritó Catalina.

# ¡Tornado!

El verano pasado, nos llevamos un susto inesperado. Era una noche calurosa y húmeda. Parecía que iba a haber una tormenta eléctrica. De repente, el cielo se puso amarillo. Y luego oímos un ruido extraño. Sonaba como un tren.

—¡Viene un tornado! —dijo mi papá.

Toda mi familia bajó corriendo al sótano. Nos pusimos muy contentos cuando todo terminó. A medida que subíamos las escaleras, empezamos a sentirnos ansiosos. Estábamos a punto de descubrir lo que había pasado.

Había muchos árboles caídos y ramas por todas partes. Nuestros vecinos habían perdido parte del techo. Pero por suerte, nadie salió lastimado.

# Conclusión de la Unidad 2

## Gran idea

**La naturaleza en una caja** Comienza a armar tu propio museo de objetos de la naturaleza. Consigue una caja de zapatos u otro recipiente. En el parque, recoge cosas que formen parte de la naturaleza. Coloca en la caja tu colección de objetos de la naturaleza. Rotula los objetos.

## Escuchar y hablar

**Escuchar y observar** Siéntate afuera en silencio y cierra los ojos. Haz una lista de los sonidos que oyes que provienen de la naturaleza. Luego, abre los ojos. Haz una lista de las cosas que ves que son parte de la naturaleza. ¿Qué cosas se repiten en las dos listas?

Dímelo a mí

Unidad 3

**Gran idea**

Aprendemos de los demás.

# Lecturas conjuntas

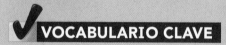

**entender**

**juntarse**

**impaciente**

**imposible**

**creer**

**problema**

**exigir**

**furioso**

Librito de
vocabulario

Tarjetas de
contexto

# Vocabulario en contexto

● Lee cada Tarjeta de contexto.

● Usa una palabra del vocabulario para hablar de algo que hayas hecho.

### 1 entender

Estos niños hablan con las manos. Ambos entienden el lenguaje de señas.

### 2 juntarse

Los niños se juntaron alrededor de la computadora para ver la pantalla.

### 3 impaciente

Esta niña parece estar impaciente. Está cansada de tanto esperar.

### 4 imposible

Es imposible oír cuando hay tanto ruido.

### 5 creer

No lo puedo creer. ¡Todo el público está aplaudiendo!

### 6 problema

Si tienes algún problema o necesitas ayuda, levanta la mano.

### 7 exigir

La sirena del camión de bomberos exige que los demás se aparten del camino.

### 8 furioso

Los bebés lloran cuando están enojados. Este bebé está furioso.

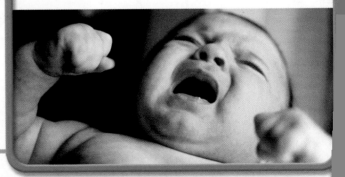

# Contexto

**Llegar a un acuerdo** Nada
es imposible si logras creer en ti mismo. Y no hace falta
ponerse impaciente ni furioso. Si tu clase considera, por
ejemplo, que necesitan más recreo, díganselo a la maestra.
No pueden simplemente decir: "¡Exigimos más recreo!".
Cuando los niños se juntan con los maestros para explicar
un problema, ellos los entienden perfectamente.

Cómo llegar a un acuerdo

Presentar una solicitud.

↓

Juntarse para comentar ideas.

↓

Acordar una solución.

# Comprensión

## ✔ DESTREZA CLAVE  Sacar conclusiones

En *Clic, clic, muu*, la autora quiere que saques conclusiones. Quiere que uses claves del cuento para descubrir más detalles de los que ella da. Usa una tabla como esta para escribir una conclusión sobre el granjero Don Ramón y sus animales. Haz una lista de las claves del cuento que usaste.

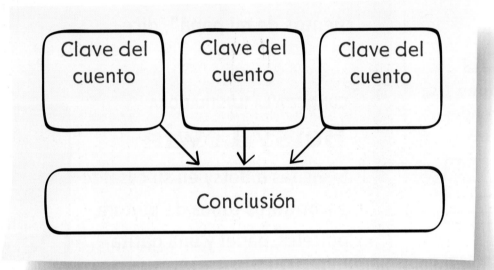

## ✔ ESTRATEGIA CLAVE  Inferir/Predecir

Usa tus conclusiones sobre el granjero Don Ramón y los demás animales para inferir o descubrir sus pensamientos y sentimientos. ¡Tus conclusiones quizás te ayuden a predecir qué pasará después!

SENDEROS EN DIGITAL  Presentado por DESTINO Lectura™

Lección 11: Actividad de comprensión

Clic, clic, muu:
Vacas que escriben a máquina
por Doreen Cronin · Ilustrado por Betsy Lewin

## ✔ VOCABULARIO CLAVE

| | |
|---|---|
| entender | creer |
| juntarse | problema |
| impaciente | exigir |
| imposible | furioso |

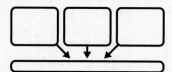

## ✔ DESTREZA CLAVE

**Sacar conclusiones** Usa detalles para aprender más sobre el texto.

## ✔ ESTRATEGIA CLAVE

**Inferir/Predecir** Usa las claves para entender mejor las partes del cuento.

### GÉNERO

Un **cuento humorístico** se escribe para hacer reír al lector.

**CONOCE A LA AUTORA**

# Doreen Cronin

Cuando Doreen era niña, su padre le contaba cuentos divertidos. Una noche, hace varios años, se despertó y escribió *Clic, clic, muu.* "Ese cuento me hizo reír tanto como los cuentos de mi papá", dice.

**CONOCE A LA ILUSTRADORA**

# Betsy Lewin

Si visitas a Betsy en su casa, te encontrarás tubos de pintura, pinceles, papel y una gatita llamada Sophie sentada sobre su mesa de trabajo. A Betsy le gusta mucho viajar y ha visto gorilas en Uganda, elefantes en Botswana y tigres en la India.

# Clic, clic, muu:
## Vacas que escriben a máquina

por Doreen Cronin        ilustrado por Betsy Lewin

## Pregunta esencial

¿Qué te ayuda a tomar una decisión sobre un personaje?

327

El granjero Don Ramón tiene un **problema**.

A sus vacas les gusta escribir a máquina.

Todo el día las oye hacer:

Clic, clic, **muu.**

   Clic, clic, **muu.**

Cliqui, tiquiclic, **muu.**

Al comienzo, no podía creer lo que oía.

¿Vacas que escriben a máquina?

¡Imposible!

Clic, clic, **muu.**

Clic, clic, **muu.**

Cliqui, tiquiclic, **muu.**

Luego, no podía creer lo que veía.

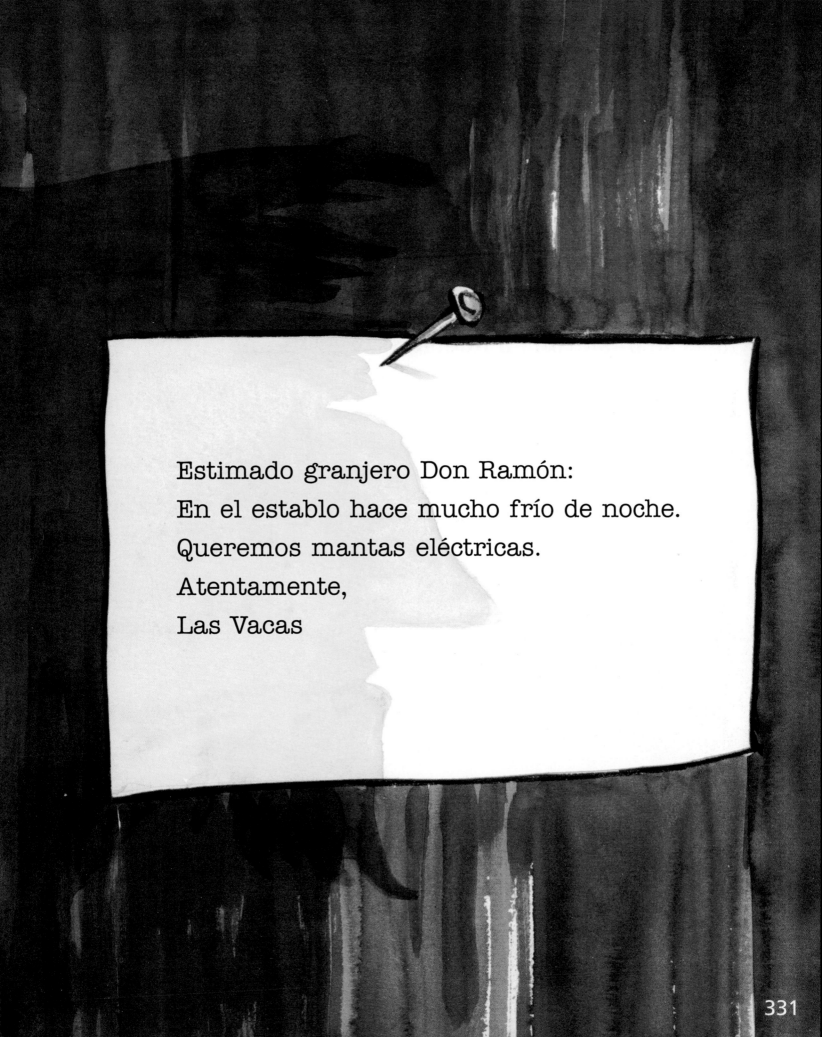

Estimado granjero Don Ramón:

En el establo hace mucho frío de noche.

Queremos mantas eléctricas.

Atentamente,

Las Vacas

Ya era bastante que las vacas hubieran encontrado la vieja máquina de escribir en el establo. Ahora, ¡querían mantas eléctricas!

—Ni hablar —dijo Don Ramón—. Nada de mantas eléctricas. Entonces las vacas se pusieron en huelga y dejaron una nota en la puerta del establo.

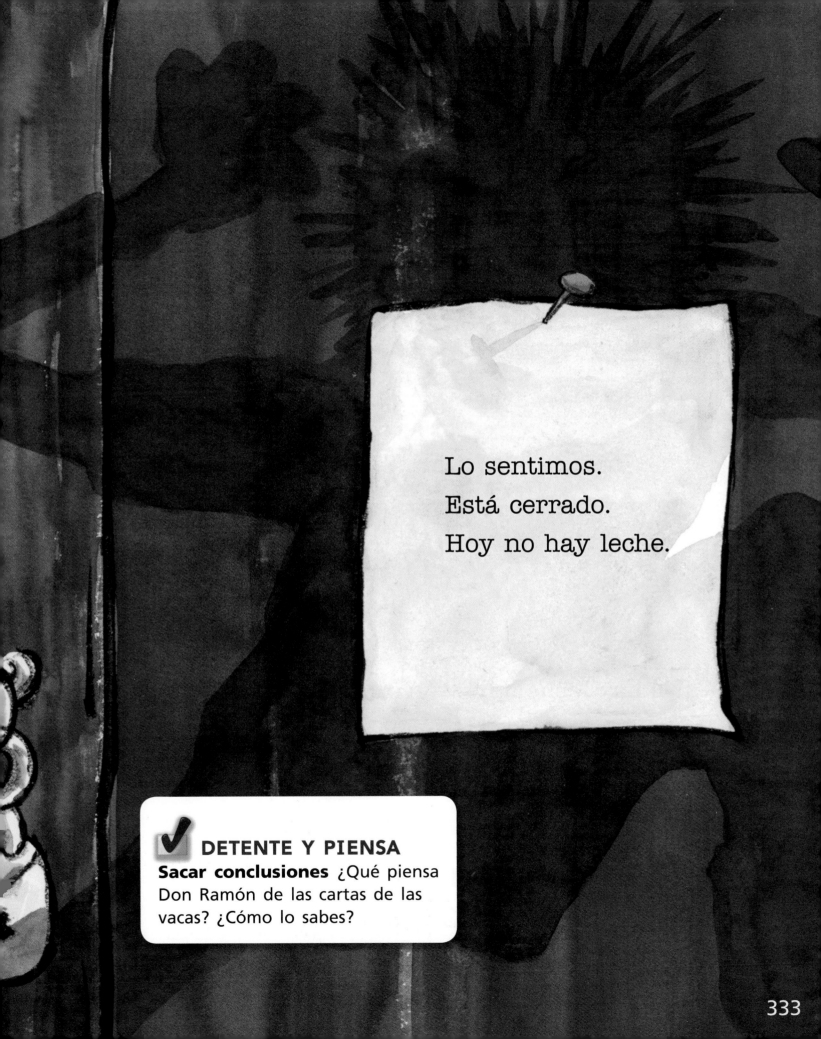

Lo sentimos.
Está cerrado.
Hoy no hay leche.

✔️ **DETENTE Y PIENSA**
**Sacar conclusiones** ¿Qué piensa Don Ramón de las cartas de las vacas? ¿Cómo lo sabes?

—¡No hay leche hoy! —gritó Don Ramón.
Y al fondo, oyó que las vacas estaban ocupadas:

Clic, clic, **muu.**
   Clic, clic, **muu.**
Cliqui, tiquiclic, **muu.**

**Al día siguiente recibió otra nota:**

Estimado Don Ramón:

Las gallinas también tienen frío.

También quieren mantas eléctricas.

Atentamente,

Las Vacas

Las vacas ya estaban **impacientes** con el granjero. Así que dejaron otra nota en la puerta del establo.

—¡No hay huevos! —gritó Don Ramón. Y al fondo las oía.

Clic, clic, **muu.**
Clic, clic, **muu.**
Cliqui, tiquiclic, **muu.**

Cerrado.
No hay leche.
No hay huevos.

—¡Vacas que escriben! ¡Gallinas en huelga! ¿Quién ha visto tal disparate? ¿Cómo puedo tener una granja sin leche y sin huevos?

Don Ramón estaba furioso.

**DETENTE Y PIENSA**

**Técnica de la autora** "Muu, muu" suena como el sonido que hacen las vacas. ¿Qué otros sonidos usa la autora en el texto?

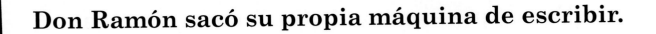

**Don Ramón sacó su propia máquina de escribir.**

Estimadas Vacas y Gallinas:

No les voy a dar mantas eléctricas.

Ustedes son vacas y gallinas.

Les exijo leche y huevos.

Atentamente,

Don Ramón

338

Pato era neutral. Así que
les llevó el ultimátum
a las vacas.

Las vacas tuvieron una reunión de emergencia.
Todos los animales se juntaron alrededor del
establo para espiar, pero ninguno entendió
ni mu.
Don Ramón esperó la respuesta toda la noche.
Pato tocó a la puerta temprano por la mañana.
Le entregó una nota a Don Ramón:

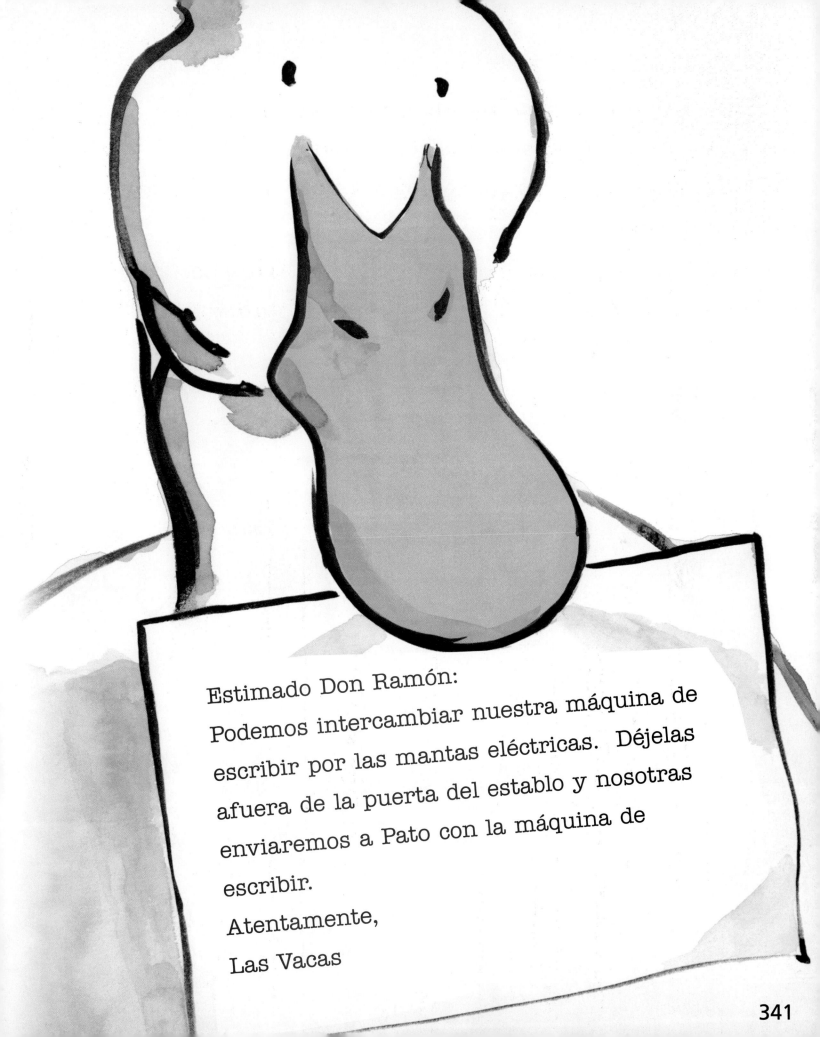

Estimado Don Ramón:

Podemos intercambiar nuestra máquina de escribir por las mantas eléctricas. Déjelas afuera de la puerta del establo y nosotras enviaremos a Pato con la máquina de escribir.

Atentamente,

Las Vacas

Don Ramón decidió que era un buen trato. Dejó las mantas cerca de la puerta del establo y esperó a que llegara Pato con la máquina de escribir.

Al día siguiente recibió otra nota.

Estimado Don Ramón:

Nos aburrimos en el estanque.

Queremos un trampolín.

Atentamente,

Los Patos

Clic, clac, **cuac cuac.**

   Clic, clac, **cuac cuac.**

Cliquetic, clac, **cuac cuac.**

**DETENTE Y PIENSA**
**Inferir/Predecir** Las vacas consiguieron lo que
pidieron. ¿Conseguirán los patos el trampolín?

## Los animales piden

**Dramatizar**

Trabaja con un compañero. Elige un animal de granja que no sea ni una vaca ni un pato. ¿Qué podría querer este animal del granjero Don Ramón? Dramaticen qué podría suceder cuando el animal pide al granjero Don Ramón lo que quiere. Túrnense para representar al granjero y al animal. PAREJAS

## El plan de Pato

Vuelve a leer la última página del cuento. ¿Por qué Pato no devolvió la máquina de escribir? Comparte tus ideas con un compañero. Comenta qué pistas te ayudaron a saber la respuesta. CONCLUSIONES

✔ **VOCABULARIO CLAVE**

| | |
|---|---|
| entender | creer |
| juntarse | problema |
| impaciente | exigir |
| imposible | furioso |

**GÉNERO**

Un **texto informativo** da datos sobre un tema. Este es un artículo de una revista.

**ENFOQUE EN EL TEXTO**

Los **encabezados** son los títulos de las distintas partes de un texto.

# ¡Qué animales tan inteligentes!

**por Donald Logan**

Quizás pienses que solo los animales de libros de cuentos y películas hacen cosas que parecen imposibles. ¡Te equivocas!

Te presento a Río y a Alex. Son animales verdaderos. Río es una leona marina. Alex es un loro. Estos animales pueden hacer cosas asombrosas. ¡Apenas se puede creer!

## Esta leona marina puede emparejar dibujos.

Río no es como cualquier otra leona marina. ¡Puede resolver un problema sencillo y dar la respuesta a sus entrenadores!

Río aprendió a observar tres dibujos y a decidir cuál es el par más similar. Primero, sus entrenadores le muestran un dibujo. Río lo estudia. Luego, le muestran dos dibujos más. Río ha aprendido a señalar con el hocico cuál es el dibujo que se parece más al primero que vio. Si da la respuesta correcta, recibe un bocadito.

Río no es impaciente. Se toma su tiempo antes de contestar.

Río está decidiendo cuál es el par de dibujos más parecido.

347

## ¡No está mal para un cerebro de pajarito!

Alex es un loro gris africano. En la naturaleza, estos loros prefieren juntarse en grupos grandes. Los loros se comunican usando gritos y otros sonidos. Alex es un loro especial porque también habla. ¡Sabe más de 100 palabras!

La dueña de Alex le ha enseñado a distinguir colores y a contar. ¡Alex es capaz de entender preguntas y responderlas!

A veces Alex se cansa. Se pone furioso y exige un bocadito. Después de un descanso, sigue resolviendo problemas.

¡Dame un maní!

# Hacer conexiones

**Conectar con las Ciencias** ¿Qué hacen los animales de las selecciones que la mayoría de los animales no pueden hacer? ¿Qué te gustaría enseñarle a hacer a un animal? Explica los pasos a un compañero y pídele que los siga.

**Comparar cuentos** Doreen Cronin escribió *Clic, clic, muu: Vacas que escriben a máquina* y *Diario de una araña* (Lección 4). Explica en qué se parecen y en qué se diferencian el ambiente y la trama de estos cuentos.

**Escribir una carta** Piensa en las cartas que escribieron las vacas. Escribe una carta a una persona mayor de tu familia para pedirle algo. No olvides incluir todas las partes de una carta.

# Gramática

**Verbos en presente y futuro** El **presente** se usa para hablar de algo que sucede en este momento. El **futuro** se usa para hablar de algo que sucederá más tarde. Para hablar del futuro, debes agregar ciertas terminaciones al nombre del verbo. También puedes usar **ir a + verbo** para decir que algo va a suceder en el futuro.

**Lenguaje académico**

presente
futuro
ir a + verbo

| Presente | Futuro | Futuro con ir a + verbo |
|---|---|---|
| Vivo en una granja. | Viviré en una granja. | Voy a vivir en una granja. |

**Turnarse y comentar** **Trabaja con un compañero. Lee cada oración en voz alta. Di si habla de algo en el presente o en el futuro.**

1 Iremos de paseo al campo.

2 Vamos a conocer una granja.

3 En las granjas hay muchos animales.

4 Nos vamos a divertir mucho.

**Fluidez de la oración** Cuando escribas sobre algo que sucederá en el futuro, asegúrate de usar correctamente las terminaciones del verbo en futuro.

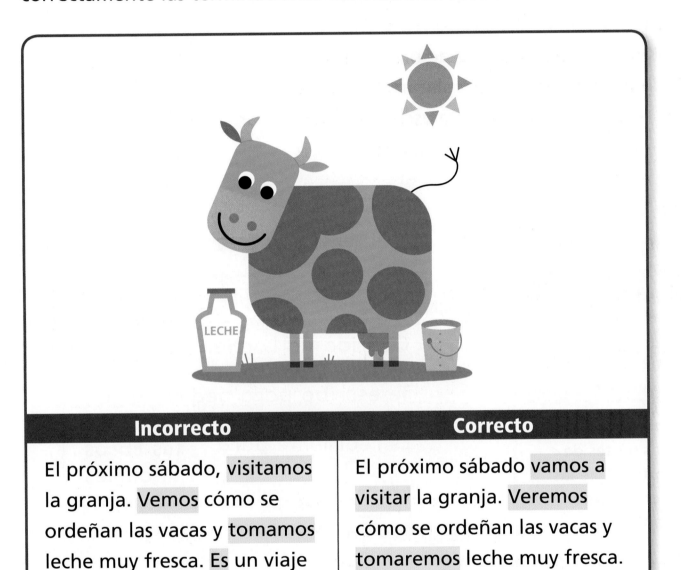

| Incorrecto | Correcto |
|---|---|
| El próximo sábado, visitamos la granja. Vemos cómo se ordeñan las vacas y tomamos leche muy fresca. Es un viaje muy interesante. | El próximo sábado vamos a visitar la granja. Veremos cómo se ordeñan las vacas y tomaremos leche muy fresca. Será un viaje muy interesante. |

## Relacionar la gramática con la escritura

**Cuando revises tu borrador, asegúrate de haber escrito los tiempos de los verbos correctamente.**

351

# Escribir para persuadir

✓ **Ideas** Cuando escribas una carta para persuadir, asegúrate de que tu objetivo sea claro para el lector.

Kurt hizo un borrador de una **carta persuasiva.** Más tarde, la revisó para decir claramente su razón para escribirla. Usa la Lista de control de la escritura para revisar tu escritura.

## Lista de control de la escritura

✓ **Ideas**
**¿Afirmé mi objetivo claramente?**

✓ **Organización**
¿Usé las partes de una carta? ¿Dije las cosas en un orden razonable?

✓ **Voz**
¿Lo que escribí muestra cómo me siento?

✓ **Convenciones**
¿Puse las mayúsculas y la puntuación de la fecha, el saludo y el cierre correctamente?

## Borrador revisado

Querida tía Lorrie:

Te escribo para pedirte algo. que me envíes algunos de
Es realmente para tus libros infantiles
una buena causa. viejos.

Kurt Atchley

Calle Austin 244

Ojai, CA 03023

24 de enero, 2010

Querida tía Lorrie:

Te escribo para pedirte que me envíes algunos de tus libros infantiles viejos. Es realmente para una buena causa. Queremos reemplazar algunos libros de nuestra clase que se han desarmado. ¿Puedes ayudarnos? Espero que sí.

Cariñosamente

Kurt

> Me aseguré de que mi objetivo estuviera claro.

## Leer como escritor

¿Qué cambió Kurt para que su objetivo estuviera claro? ¿Qué puedes agregar o cambiar para que tu objetivo se vea más claro?

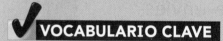

✓ **VOCABULARIO CLAVE**

**moverse**

**suave**

**hora**

**solo**

**de verdad**

**museo**

**sala cuna**

**cualquier hora**

Librito de
vocabulario

Tarjetas de
contexto

# Vocabulario
# en contexto

● Lee cada **Tarjeta de contexto**.

● Crea una oración que use
una palabra del vocabulario.

**1**

## moverse

¿Sabes bailar? Vamos, muévete
al ritmo de estas maracas.

**2**

## suave

Este violín hace un sonido
suave y gentil. Es agradable
al oído.

### 3 hora

Para tocar bien un instrumento musical hay que practicar muchas **horas**.

### 4 solo

Tocar **sola**, sin acompañamiento, es muy especial para esta niña.

### 5 de verdad

Una guitarra **de verdad** suena más fuerte que una guitarra imaginaria.

### 6 museo

Este instrumento antiguo está expuesto en un **museo**. Mucha gente viene a verlo.

### 7 sala cuna

La **sala cuna** es un sitio adecuado para tocar música suave.

### 8 cualquier hora

La orquesta puede tocar a **cualquier hora**, cuando lo diga el director.

# Contexto

**¿Qué es una banda?** A veces las personas tocan música solas. Cuando quieren tocar con otros músicos, forman una banda. Una banda puede tocar música en cualquier lugar y a cualquier hora. Por ejemplo, puede tocar música suave en un museo o en una sala cuna. Los músicos tocan con instrumentos de verdad y ensayan muchas horas. Cuando tocan música con mucho ritmo, a los que oyen les gusta moverse al compás. Tocar en una banda puede ser muy divertido.

**En una banda, cada músico toca un instrumento diferente.**

# Comprensión

✔ **DESTREZA CLAVE** **Estructura del cuento**

La protagonista de *La música de Violeta* tiene un problema
y trata de resolverlo. Usa un mapa del cuento como
este para anotar la estructura del cuento. Escribe quién
participa en el cuento, dónde se desarrolla y qué sucede.

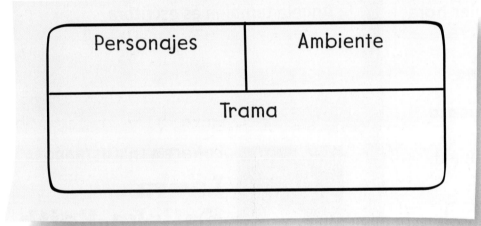

| Personajes | Ambiente |
|---|---|
| Trama | |

✔ **ESTRATEGIA CLAVE** **Preguntar**

¿Qué problema tiene la protagonista? ¿Cómo lo resuelve?
Mientras lees, piensa en otras preguntas sobre *La música
de Violeta*. Luego, busca las respuestas en el texto. Hacer
preguntas y responderlas te ayuda a comprender el cuento.

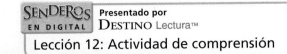

## VOCABULARIO CLAVE

| | |
|---|---|
| moverse | de verdad |
| suave | museo |
| hora | sala cuna |
| solo | cualquier hora |

## DESTREZA CLAVE

**Estructura del cuento**
Indica el ambiente, los personajes y la trama de un cuento.

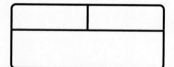

## ESTRATEGIA CLAVE

**Preguntar** Haz preguntas sobre lo que estás leyendo.

### GÉNERO

Un cuento de **ficción realista** podría suceder en la vida real.

**CONOCE A LA AUTORA**

# Angela Johnson

Cuando Angela Johnson estudiaba en la universidad, cuidaba a los hijos de Cynthia Rylant. Un día, Angela mostró a la famosa escritora un cuento que había escrito. A Cynthia le gustó tanto que la ayudó a publicarlo. Desde entonces, Angela también es escritora.

**CONOCE A LA ILUSTRADORA**

# Laura Huliska-Beith

Laura Huliska-Beith ha tenido muchos trabajos distintos, por ejemplo, ha sido asistente de bibliotecaria y camarera. Incluso estuvo a punto de ser conductora de autobús. Pero nada le gusta más que ilustrar cuentos para niños.

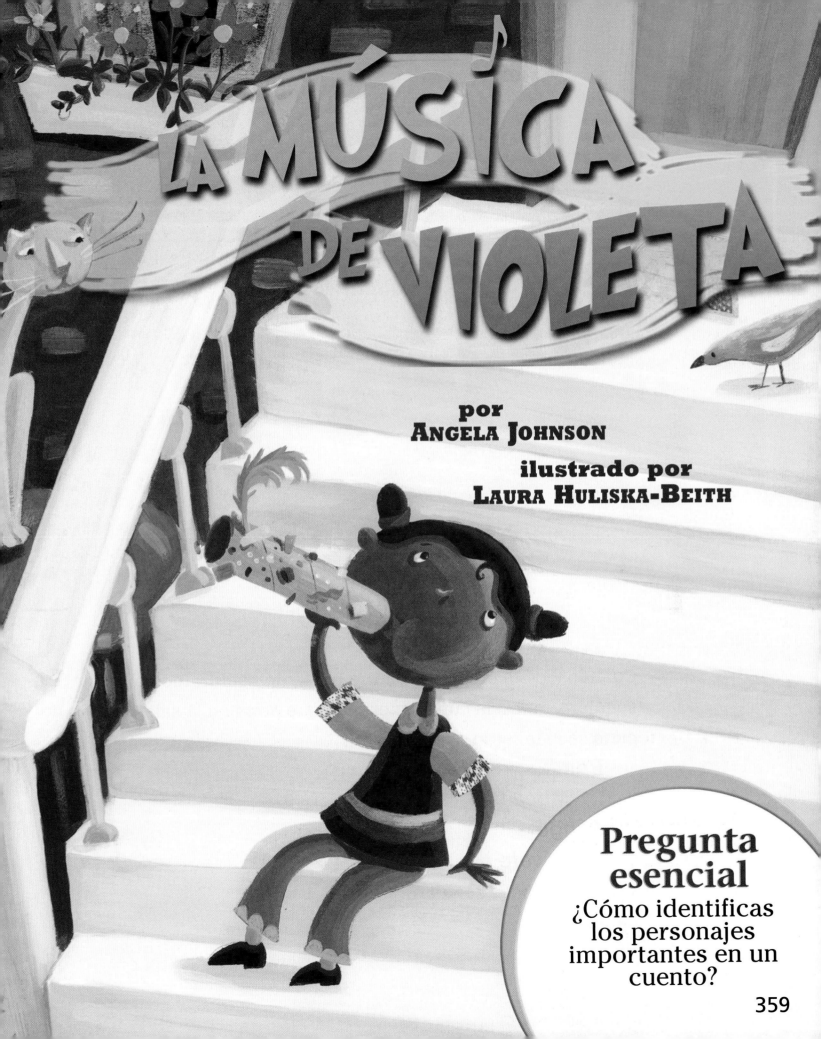

# LA MÚSICA DE VIOLETA

por
ANGELA JOHNSON

ilustrado por
LAURA HULISKA-BEITH

## Pregunta esencial

¿Cómo identificas los personajes importantes en un cuento?

359

Cuando Violeta era una bebita, a horas de nacida, tocó el sonajero contra la cuna esperando que otros en la sala cuna se le unieran.

    *Bombo*

       *Muévete*

    *Bongó*

       *Muévete*

Violeta tocaba el sonajero
todo el día.

¿Podría encontrar a otros bebés que tocaran
también?
No, no pudo.
Pero siguió buscando.
Violeta tocó ella sola.

Al Violeta cumplir los dos años,
tía Berta le dio muchos regalos.
Para hacer trompetas de cumpleaños
le dio creyones, cartulina,
escarcha, cintas y goma de pegar...

Ahora, Violeta toca la trompetilla.

*GUAA*

*BUUU*

*BUUU*

Todo el santo día.

**DETENTE Y PIENSA**
**Técnica de la autora** ¿Por qué la autora incluye tantas palabras que empiezan con c al principio de esta página?

Intentó que todos la acompañaran
tocando la trompeta.

   GUAA

        BUUU

             BUUU

¡Vaya que sí!

Todo el día, toca que toca.

¿Podría conseguir que su familia
tocara con ella?

No, no lo consiguió.

Pero  siguió buscando.

Violeta tocó ella solita.

En el kinder, Violeta se preguntaba
si había otros niños en el mundo
que soñaran música,
que pensaran música,
como ella, todo el día.

Pero se dio cuenta de que...

algunos pintaban,

otros pegaban,

a otros les gustaba jugar en el arenero,

incluso a algunos les daba por comer goma.

Nadie quería tocar música todo el día.

Un día en la playa,
con una raqueta de bádminton
Violeta jugó a que era una guitarra
buscando quién la acompañara.
**Tingo**
**Tingo**
**Tongo**
**Tongo**
Violeta tocaba la guitarra.

¿Podría encontrar a otro guitarrista
enterrado en la arena?
No, no lo consiguió.
Pero siguió buscando.
Violeta tocó ella solita.

**DETENTE Y PIENSA**
**Preguntar** ¿Por qué busca Violeta a otros niños como ella?

Para Violeta, como verás,
todo se hacía al compás.

Al desayuno...

Y para la cena...

En el baño y...
a cualquier hora  entre horas.

Cuando caminaba por la calle,
o se escondía por los puestos de verduras,
o se sentaba en las escaleras de emergencia,
Violeta siempre buscaba niños como ella.

¿Podría encontrarlos en el zoológico? Ni hablar.

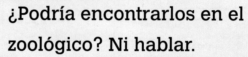

¿En el museo? ¡No!

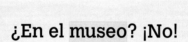

Ni digamos en el dentista.

Pero seguiría buscando.

Violeta y su música, siempre buscando.

Hasta que un día,
al cabo de unos veranos,
Violeta tocaba su guitarra.
(Una de verdad esta vez).

*rin rin rin*

*sí sí sí*

*rin rin rin*

*sí sí sí*

Cuando, de pronto en la fuente,
alguien tocaba un tambor...

y detrás de los columpios, se oyó la
música suave de un saxofón...

Y por el jardín de flores,
alguien comenzó a cantar.

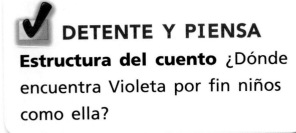

✔ **DETENTE Y PIENSA**
**Estructura del cuento** ¿Dónde
encuentra Violeta por fin niños
como ella?

Ahora, Ángel, Randy y Juan
están en la banda de Violeta.
Y si les preguntaran si se lo
imaginaban, todos dirían:
—Claro que sí. Sabíamos que un día
nos encontraríamos...

pues en la sala cuna
y cuando cumplimos
dos,

un verano en la playa,
siempre seguimos buscando
otros niños que tocaran.

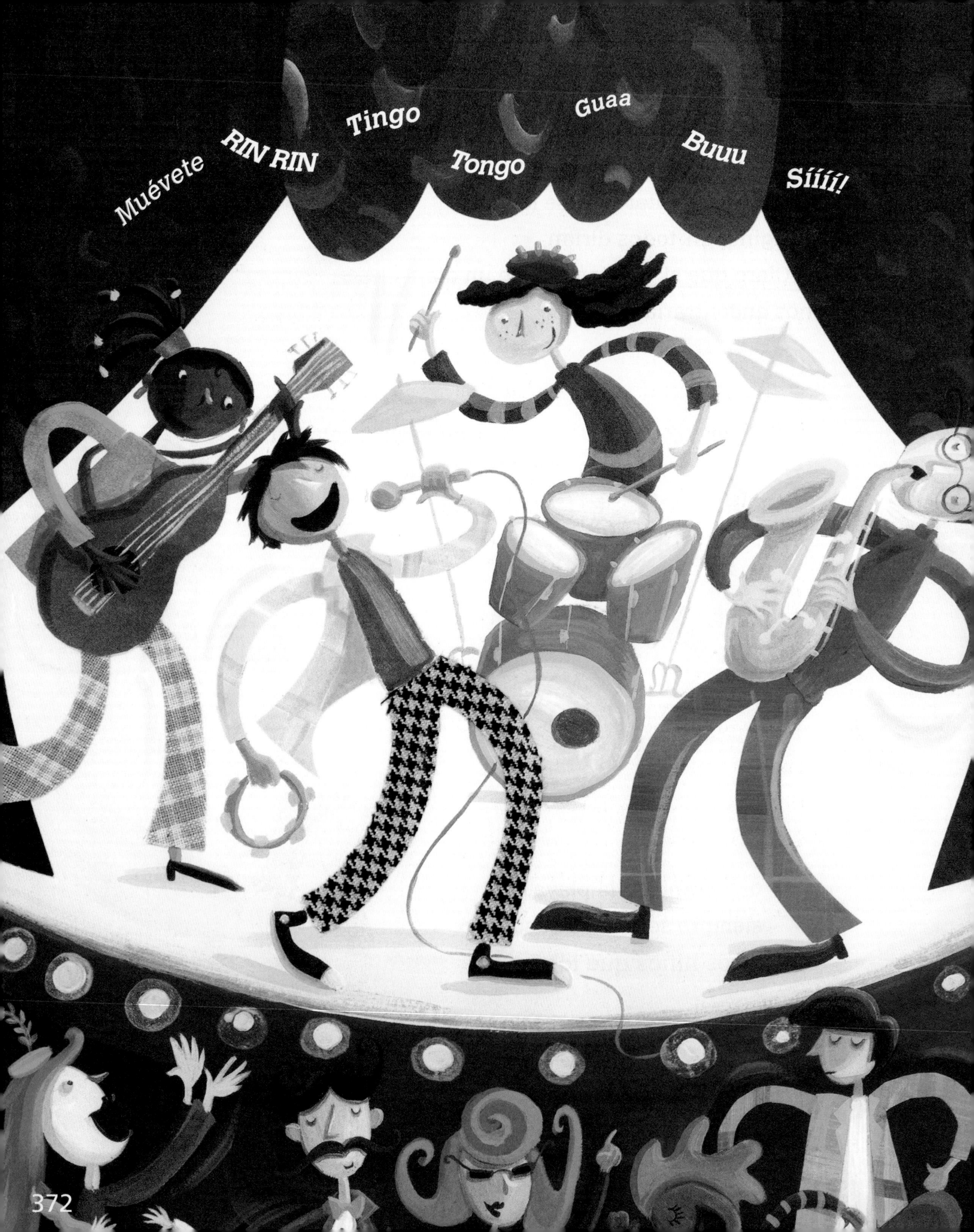
Muévete
RIN RIN
Tingo
Tongo
Guaa
Buuu
Sííííí!

## Encontrar amigos

**Hacer un cartel**

Violeta compartió su música con sus amigos. Piensa en una actividad que te gustaría compartir con tus amigos. Haz un cartel para convencerlos de que hagan esa actividad contigo. Escribe una o dos oraciones que describan la actividad. RESPUESTA PERSONAL

¡Vengan a mi fiesta de arte!

Turnarse y comentar

## ¿Quién es importante?

Trabaja con un compañero. Hagan una lista de todos los personajes del cuento. Luego, encierren en un círculo los dos o tres personajes que creen que son los más importantes. Comenten qué pistas usaron para descubrirlo. ESTRUCTURA DEL CUENTO

# Estudios Sociales

**Wolfgang Mozart**

## ✔ VOCABULARIO CLAVE

| | |
|---|---|
| mover | de verdad |
| suave | museo |
| hora | sala cuna |
| solo | cualquier hora |

### GÉNERO
Una **biografía** nos dice los sucesos en la vida de una persona.

### ENFOQUE EN EL TEXTO
Una **línea cronológica** muestra el orden en que suceden las cosas.

# Wolfgang Mozart

## Niño estrella
### por Mark Bechelli

Un niño pequeño no toca instrumentos de verdad. Un bebé mueve un cascabel en la sala cuna. Un niño de cinco años es capaz de tocar el tambor.

## 1750

**1756** Wolfgang nace en esta casa en Austria. La casa es actualmente un museo.

Wolfgang Amadeus Mozart vivió hace más de doscientos años. Desde niño, Wolfgang era diferente a los demás.

A los tres años de edad se sentaba solo durante horas a tocar el clavecín, que es un instrumento parecido al piano. A los cinco años ya era capaz de tocar lo que quería, música suave o fuerte, rápida o lenta. ¡Incluso empezó a componer sus propias canciones!

## Las primeras etapas de la vida de Wolfgang Mozart

**1760**

**1770**

**1759** Wolfgang aprende a tocar el clavecín.

**1763–1766** Wolfgang toca música por toda Europa acompañado por su familia.

Su talento no tardó en conocerse por toda Austria. El joven Mozart componía a cualquier hora del día. Tocaba en castillos y salas de concierto. Quienes lo escuchaban tocar quedaban asombrados. ¡Aunque solo era un niño, Wolfgang era casi una estrella!

**Wolfgang Mozart a los seis años**

# Hacer conexiones

## El texto y tú

**Actividades con amigos** ¿Qué le gusta hacer a Violeta con sus amigos? ¿Te gusta hacer alguna de esas actividades con tus amigos? Escribe unas cuantas oraciones para explicarlo.

## De texto a texto

**Tener una conversación** Imagina que un compañero y tú son Violeta y Mozart. Conversen acerca de los aspectos en que se parecen y se diferencian.

## El texto y el mundo

**Conectar con los Estudios Sociales** ¿Le gusta a Violeta tocar música en ocasiones especiales? ¿Sabes alguna canción de las que se cantan en ocasiones especiales? Comenta tus ideas con un compañero.

# Gramática

**Clases de oraciones** Todas las oraciones empiezan con letra mayúscula, pero tienen diferentes signos de puntuación. Una **declaración** afirma algo y termina con un punto. Una **pregunta** interroga sobre algo y empieza y termina con signos de interrogación. Un **mandato** es una orden y termina con un punto. Una **exclamación** indica una emoción fuerte y empieza y termina con signos de exclamación.

| Declaración | Pregunta | Mandato | Exclamación |
|---|---|---|---|
| Ella toca la batería. | ¿Toca ella la batería? | Dejen de tocar esa batería. | ¡Me encanta tocar la batería! |

**¡Inténtalo!** **Escribe cada oración correctamente.**

1. él tiene una gran voz

2. cuál es el nombre de su banda

3. esa flauta es muy antigua

4. por favor, toquen un poco más fuerte

**Fluidez de la oración** Recuerda que puedes combinar dos oraciones simples para formar una oración compuesta uniéndolas con la letra **y**. Esto hará que lo que escribas tenga más fluidez.

**Oraciones simples**

Lupe toca la tuba.

Su hermano Jaime toca la flauta.

**Oración compuesta**

Lupe toca la tuba y su hermano Jaime toca la flauta.

## Relacionar la gramática con la escritura

Cuando revises tu borrador, identifica oraciones simples que puedas convertir en oraciones compuestas para darle más claridad a tu párrafo de opinión.

# Escribir para persuadir

☑ **Voz** Cuando escribes para persuadir, compartes tus opiniones con los lectores.

Kwang escribió un **párrafo de opinión** sobre por qué le gusta el fútbol. Después, revisó su borrador para mostrar cuánto le interesa.

## Lista de control de la escritura

☑ **Ideas**
¿Expliqué mis razones con detalles y ejemplos?

☑ **Organización**
¿Declaré mi opinión al comienzo de mi párrafo?

☑ **Voz**
¿Muestra lo que escribí cómo me siento con respecto a mi tema?

☑ **Fluidez de la oración**
¿Varié el largo de mis oraciones?

## Borrador revisado

Me ~~gusta~~ encanta el fútbol. ¡Este juego tiene algo para todos! Es fácil de aprender, así que cualquiera puede jugarlo. El fútbol se juega en todo el mundo. Miro los partidos con mi hermano todas las semanas.

# Fútbol para todos

### por Kwang Choi

Me encanta el fútbol. ¡Este juego tiene algo para todos! Es fácil de aprender, así que cualquiera puede jugarlo. Es un gran ejercicio. El fútbol se juega en todo el mundo. Todos los fines de semana, miro los partidos con mi hermano. Nos divertimos muchísimo cuando gana nuestro equipo preferido. Creo que todos los niños deberían jugar al fútbol.

Añadí oraciones para mostrar cómo me siento sobre mi tema.

## Leer como escritor

¿Qué agregó Kwang para hacerte saber cómo se siente sobre el tema?

¿Qué puedes agregar a tu escrito para demostrar tus sentimientos al lector?

**VOCABULARIO CLAVE**

**comunidad**

**cultura**

**idioma**

**clase**

**usar**

**especial**

**materia**

**transporte**

Librito de
vocabulario

Tarjetas de
contexto

# Vocabulario
# en contexto

- Lee cada **Tarjeta de contexto**.

- **Habla sobre una foto. Usa
  una palabra del vocabulario
  diferente de la de la tarjeta.**

**1**
### comunidad
Una comunidad es un grupo
de personas que viven juntas
en una zona determinada.

**2**
### cultura
La cultura son las tradiciones,
las artes y las creencias de un
grupo de personas.

### idioma

La gente usa idiomas diferentes para escribir y para hablarse los unos a los otros.

### clase

Este maestro da clase a sus estudiantes. Los estudiantes aprenden algo de cada lección.

### usar

Estos estudiantes usan uniforme en la escuela.

### especial

Estos estudiantes van a una escuela especial de música. Tocan música todo el día.

### materia

Ciencias es una de las materias que se enseñan en la escuela.

### transporte

Las personas usan el transporte para ir de un lugar a otro.

# Contexto

✓ **VOCABULARIO CLAVE**    **Días de escuela** Las escuelas no son todas iguales. En algunas los estudiantes usan uniforme. Algunas tienen transporte especial, como autobuses escolares. Otras permiten que los estudiantes reciban sus clases por Internet. La mayoría de las escuelas enseñan diferentes materias. Los estudiantes que tienen Estudios Sociales pueden aprender acerca de su propia comunidad o de una cultura diferente. Muchas escuelas enseñan diversos idiomas como materias. ¡Todas las escuelas son lugares donde los estudiantes aprenden!

Muchas escuelas estadounidenses tienen salones de clases como estos.

# Comprensión

✔ **DESTREZA CLAVE** **Propósito de la autora**

Un autor puede escribir para hacerte sonreír, ofrecerte hechos o explicar ideas. ¿Cuál fue el propósito de la autora al escribir *Escuelas alrededor del mundo*? Anota los detalles en una tabla para determinar cuál fue su propósito.

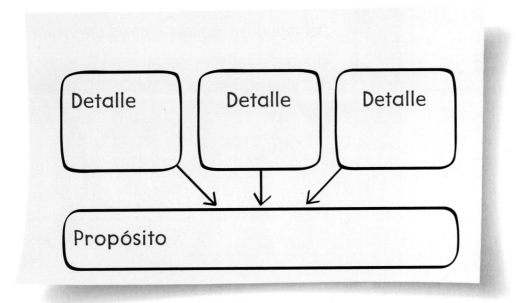

✔ **ESTRATEGIA CLAVE** **Analizar/Evaluar**

Piensa bien en los detalles de la selección y en el propósito de la autora para escribir *Escuelas alrededor del mundo*. Según tus propias ideas, decide si la autora hizo un buen trabajo al hablar de las diferentes escuelas.

Escuelas
alrededor del mundo

✔ **VOCABULARIO CLAVE**

| | |
|---|---|
| cultura | materia |
| comunidad | clase |
| idioma | especial |
| transporte | usar |

✔ **DESTREZA CLAVE**

**Propósito del autor** Di por qué un autor escribe un libro.

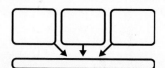

✔ **ESTRATEGIA CLAVE**

**Analizar/Evaluar** Di qué sientes sobre el texto y por qué.

**GÉNERO**

Un **texto informativo** da datos sobre un tema.

CONOCE A LA AUTORA

# Margaret C. Hall

Margaret C. Hall ha escrito muchos libros de no ficción para niños. Sus temas van desde los parques nacionales a los patos de collar. *Schools Around the World* (Escuelas alrededor del mundo) es parte de una serie de libros que ha escrito. Otros libros de la serie incluyen *Homes Around the World* (Hogares alrededor del mundo) y *Games Around the World* (Juegos alrededor del mundo).

# Escuelas alrededor del mundo

por Margaret C. Hall

## Pregunta esencial

¿Por qué los autores escriben diferentes tipos de textos?

# Las escuelas alrededor del mundo

En todo el mundo, los niños van a la escuela. Algunos niños pasan la mayor parte del día en la escuela. Otros solo pasan ahí algunas horas.

*Los edificios de algunas escuelas en Asia son altos, como éste.*

*Estos estudiantes en Estados Unidos comienzan el día recitando el Juramento a la bandera* (The Pledge of Allegiance).

Las escuelas son diferentes en distintas partes del mundo. Pero todas tienen algo en común: son el lugar donde los niños van a aprender.

### DATOS ASOMBROSOS SOBRE LAS ESCUELAS

*Hace mucho tiempo, un alemán inició un nuevo tipo de escuela. Él pensaba que los niños debían crecer como las flores en un jardín. Él llamó a su escuela* kindergarten. *Esta palabra quiere decir "jardín de infantes" en alemán.*

*Estos estudiantes en Tíbet, China, están por comenzar su día escolar.*

# Los edificios escolares

El tipo de edificio donde estudian los niños depende del lugar donde viven. Depende del clima y de los recursos de la comunidad.

Los edificios escolares pueden ser grandes o pequeños. Se pueden construir de muchas clases de materiales. Incluso algunos niños van a clases al aire libre o en edificios sin paredes.

**DATOS ASOMBROSOS SOBRE LAS ESCUELAS**

*Las escuelas han existido durante miles de años. Las primeras escuelas se crearon para enseñar a los niños sobre su cultura.*

# Cómo van los niños a la escuela

Los niños viajan a la escuela de varias formas. La clase de transporte que usan depende del lugar donde viven. También depende de la distancia que tienen que viajar.

Muchos niños van a la escuela caminando o en bicicleta. Otros viajan en automóvil, en autobús o en tren. Algunos van en bote.

**DATOS ASOMBROSOS SOBRE LAS ESCUELAS**

*En algunos lugares, los niños viven demasiado lejos de la escuela y no pueden ir. Los maestros dan clase por radio o por computadora con una conexión directa a la escuela.*

✔ **DETENTE Y PIENSA**
**Propósito de la autora** ¿Crees que la autora quiere dar datos o contar un cuento sobre el transporte?

# La ropa escolar

En distintas partes del mundo, los niños usan ropa diferente para ir a la escuela. Lo que se ponen depende del clima del lugar donde viven. También depende de la estación del año.

En algunas escuelas, todos los estudiantes se visten igual. Visten uniformes. Los estudiantes de escuelas diferentes visten uniformes distintos.

▲ Las estudiantes de esta escuela para niñas en Panamá visten falda y suéter de color azul.

*Estos estudiantes en Alemania aprenden ciencias en una excursión con sus maestros.*

# El día escolar

En todo el mundo, los maestros ayudan a los niños a aprender cosas nuevas. Los niños realizan algunas tareas en grupos. Otras las realizan solos.

La mayoría de los niños almuerzan o comen una merienda en la escuela. También tienen tiempo para jugar. En muchas escuelas, los niños hacen excursiones de estudio con la clase.

Este maestro responde a una pregunta de su estudiante en una escuela en Cuba.

# Cómo aprender a leer y a escribir

Una labor importante de los maestros es ayudar a los niños a aprender a leer y a escribir. Los niños aprenden a leer y a escribir en muchos idiomas diferentes.

El idioma que usan los niños en la escuela depende del lugar donde viven. Algunos niños estudian su propio idioma y también otro.

**DETENTE Y PIENSA**
**Técnica de la autora** ¿Cómo usa la autora las leyendas para dar información sobre escuelas diferentes?

Los estudiantes de una escuela estadounidense en el extranjero estudian el mapa de Europa.

# Otras lecciones

Los niños aprenden muchas cosas en la escuela. En todo el mundo, los niños estudian matemáticas y ciencias. Aprenden sobre su propio país y también sobre otros países.

Muchos niños alrededor del mundo estudian arte y música en la escuela. También pueden aprenden a usar la computadora.

Estos estudiantes de Gran Bretaña practican música en la escuela.

*Los niños de esta escuela en Japón ayudan a servir el almuerzo.*

# Tareas en la escuela

Casi todos los niños tienen tareas que deben cumplir en la escuela. Ayudan a mantener el salón de clases limpio y organizado. A veces, hasta ayudan a preparar el salón para las clases del día.

En algunos lugares, los niños se encargan de mantener limpio el patio de la escuela. Puede ser que algunos estudiantes le sirvan el almuerzo a sus compañeros.

*Esta maestra da ayuda adicional a los estudiantes después de clases.*

# Después de clases

Algunos niños asisten a clases después de terminar el día escolar. Algunos tienen una maestra particular que los ayuda con las asignaturas que les son más difíciles.

Hay niños que tienen otras clases después de la escuela. Estudian cosas que no pueden aprender en la escuela. Pueden aprender baile, música o su propia cultura.

*Estos niños en Israel aprenden sobre su cultura.*

Los estudiantes de este internado comen, estudian y viven juntos.

# Escuelas especiales

Algunos niños viven en sus escuelas. Estas escuelas se llaman internados. Los niños vuelven a casa de visita y en las vacaciones.

Esta niña no puede ver. Ella asiste a una escuela en la que puede aprender a leer y a escribir de un modo especial. La gente que es ciega lee con los dedos. Usan un sistema de puntos en relieve que se llama braille.

# Escuelas en la casa

Una casa también puede ser una escuela. Algunos padres les enseñan a sus hijos en casa, pues quieren decidir exactamente todo lo que sus hijos aprenden.

El personal de las escuelas a menudo ayuda a los padres a planear las lecciones privadas para sus hijos. Muchos de los niños que estudian en casa van a la escuela para tomar clases de educación física o de arte.

*Esta madre está enseñándole a su hija en casa.*

# La escuela y el trabajo

Algunos niños son artistas. Pasan parte del día ensayando su trabajo. El resto del día lo pasan estudiando las materias escolares normales.

*Estos estudiantes bailan una danza tradicional rusa.*

Este niño aprende gimnasia.

# Estudiantes adultos

*Estas mujeres en la India van a la escuela de noche.*

Muchas personas asisten a la escuela aun siendo adultas. Puede ser que vayan a la universidad o a la escuela técnica para aprender un oficio determinado.

Los adultos también asisten a clases por gusto. Estudian diferentes idiomas y aprenden cómo hacer cosas. No importa la edad que tengan los estudiantes, todos asisten a clases para aprender.

**DETENTE Y PIENSA**
**Analizar/Evaluar** ¿Es bueno para los adultos ir a la escuela? ¿Por qué?

# Es tu turno

## Datos interesantes sobre las escuelas

**Escribir sobre las escuelas**

Vuelve a hojear *Escuelas alrededor del mundo.* Halla datos que pienses que son interesantes. Luego, escribe oraciones sobre dos cosas en las que las escuelas se parecen y dos cosas en las que se diferencian. Haz dibujos para acompañar tus oraciones.

COMPARAR Y CONTRASTAR

En todas las escuelas se aprenden cosas nuevas.

## Turnarse y comentar  Cómo trabajan los autores

Trabaja con un compañero. Comenten por qué la autora de *Escuelas alrededor del mundo* usó hechos y fotografías. ¿Por qué no usó opiniones ni dibujos?

PROPÓSITO DE LA AUTORA

# poesía

Poemas escolares

✔ **VOCABULARIO CLAVE**

| | |
|---|---|
| comunidad | materia |
| cultura | clase |
| idioma | especial |
| transporte | usar |

### GÉNERO

La **poesía** usa el sonido de las palabras para mostrar imágenes y sentimientos.

### ENFOQUE EN EL TEXTO

La **rima** es la concordancia de palabras que tienen los mismos sonidos finales.

# Poemas escolares

En la escuela aprendes sobre muchas materias. Puedes tener clases de matemáticas, sobre tu comunidad o aun sobre alguna otra cultura.

Los poemas que aparecen aquí son sobre la escuela. Mientras los lees, escucha el ritmo y las palabras que riman.

## La escuela

Muy temprano
Espera ahí
No llegues tarde,
¡Te espera a ti!

*por Dee Lillegartd*

# Lo mejor

Lo mejor
del día
fue la maestra
que decía:
"Siéntense aquí,
que leo".

Escuchamos
en la alfombra
unos cuentos
que asombran
y magia
que yo aún veo.

*por Kay Winters*

# Debo escribir un poema

Debo escribir un poema,
Pero es difícil de hacer.
¡Ahora cómo quisiera
Muchas palabras saber!

Yo no me imagino
Cómo será el poema.
¡No creo estar muy fino!
No tengo siquiera tema.

Hay que cuidar la métrica,
Y además debe rimar.
¡Ay, qué cosa más tétrica!
Lo tengo que terminar.

No creo que pueda hacerlo
Un poema como un trueno.
Pero mira, acabo de verlo,
¡Este está bastante bueno!

*por Jack Prelutsky*

## Escribir un poema escolar

Usa palabras que rimen y ritmo para escribir
tu propio poema sobre la escuela. Trata de
incluir las palabras usar, transporte, idioma y
especial.

# Hacer conexiones

 **El texto y tú**

**Dibujar y rotular** Dobla una hoja de papel por la mitad. En una mitad, dibuja una de las escuelas de *Escuelas alrededor del mundo.* En la otra mitad, dibuja tu escuela. En cada dibujo, escribe un rótulo que describa esa escuela.

 **De texto a texto**

**Escribir un poema** Elige uno de los encabezamientos de *Escuelas alrededor del mundo* como tema para un poema. Después toma dos palabras que rimen de "Poemas escolares". Con esas palabras que riman, escribe un poema sobre el tema que elegiste.

 **El texto y el mundo**

**Conectar con los Estudios Sociales** Con un grupo pequeño, elige uno de los países sobre los que leíste en *Escuelas alrededor del mundo.* Busca en libros y en otras fuentes más información sobre las escuelas de ese país. Haz un cartel que muestre lo que aprendiste.

# Gramática

**El guión largo (—)** se usa para indicar lo que dice la persona que habla, cuando escribes un cuento. Se usa después de palabras como *dijo* y *preguntó* seguidas de dos puntos (:). Marca el guión largo antes de lo que dice la persona, sin dejar espacio, y empieza la oración con mayúscula. Asegúrate de usar los signos de puntuación según corresponda.

**Lenguaje académico**

guión largo (—)
letra mayúscula
signos de puntuación

## Uso del guión largo

El profesor dijo: —Saquen sus libros de matemáticas.

Mike dijo: —¡Vamos a tener un examen hoy!

Liza preguntó: —¿Quién es el líder de la clase?

 **Escribe el guión largo, las mayúsculas y marca los signos de puntuación correctamente.**

1. El conductor dijo manténganse en sus asientos

2. Jack preguntó cuánto durará el viaje

3. Un pasajero exclamó no puedo creerlo

**Convenciones** Los cuentos en los que las personas hablan entre sí son más interesantes. Muestra las palabras que dicen las diferentes personas para hacer que tu cuento sea más interesante.

**Guión largo**

Nita preguntó: —¿Cuál es tu materia preferida?
Raj dijo: —Mi materia preferida es Ciencias.

## Relacionar la gramática con la escritura

**Cuando revises tu párrafo, asegúrate de usar el guión largo y los signos de puntuación correctamente.**

# Escribir para persuadir

☑ **Elección de palabras** Cuando escribas para persuadir, usa palabras precisas para que lo que escribes sea más interesante.

Raquel escribió un **párrafo persuasivo** para pedir a su maestra que llevara a la clase a un museo. Después revisó lo que escribió para usar palabras más precisas. Usa palabras precisas al editar tu párrafo.

## Lista de control de la escritura

☑ **Organización**
¿Di mi opinión al comienzo?

☑ **Elección de palabras**
¿Usé palabras precisas para hacer mi escritura interesante?

☑ **Voz**
¿Elegí razones que son importantes para mis lectores?

☑ **Fluidez de la oración**
¿Empecé mis oraciones de maneras diferentes?

## Borrador revisado

Nuestra clase debería ir al Museo de los Niños.
∧En el Museo de los Niños hay
muchas cosas ∧lindas. Una de las
    maravillosas
exhibiciones muestra cómo llegan los alimentos de la granja al mercado. En este momento, estamos aprendiendo eso en Estudios Sociales∧.
Podríamos escribir un informe de investigación sobre lo que aprendamos en el museo.

# ¡Vamos de excursión!
## por Raquel Wollmer

Nuestra clase debería ir al Museo de los Niños. En el Museo de los Niños hay muchas cosas maravillosas. Una de las exhibiciones muestra cómo llegan los alimentos de la granja al mercado. En este momento, estamos aprendiendo eso en Estudios Sociales. Podríamos escribir un informe de investigación sobre lo que aprendamos en el museo. Además, ¡todos pasaríamos un día divertido juntos!

Usé palabras exactas para hacer mi escritura interesante para mis lectores.

## Leer como escritor

¿Qué palabras precisas agregó Raquel? ¿Qué palabras puedes agregar para hacer tu escritura más interesante?

# 14

✔ **VOCABULARIO CLAVE**

**conocimiento**

**curioso**

**movimiento**

**silencio**

**enfermedad**

**imitar**

**oscuridad**

**comportamiento**

Librito de
vocabulario

Tarjetas de
contexto

# Vocabulario en contexto

- **Lee cada Tarjeta de contexto.**

- **Haz una pregunta a un compañero en la que uses una palabra del vocabulario.**

**1 conocimiento**

Los conocimientos o la información se obtienen de libros y de otras fuentes.

**2 curioso**

Si eres curioso o tienes interés en aprender, puedes buscar información en la Internet.

### 3 movimiento

Un movimiento para ordenar detenerse es levantar la mano. Significa "alto" o "pare".

### 4 silencio

Una de las normas en la biblioteca es el silencio. ¡Por favor, no hablen en voz alta!

### 5 enfermedad

Esta niña se recupera rápido de una enfermedad que tuvo.

### 6 imitar

Esta niña imitaba a su maestra para aprender el lenguaje de señas.

### 7 oscuridad

Las linternas nos ayudan a ver mejor en la oscuridad.

### 8 comportamiento

Tomar un mensaje para alguien que no está en casa es un buen comportamiento.

# Contexto

✔ **VOCABULARIO CLAVE**  **Braille y Keller**  Louis Braille era un niño muy curioso. Su comportamiento arriesgado dio lugar a un accidente y a una enfermedad que lo dejó ciego. Louis quería leer para adquirir conocimiento e inventó un sistema de lectura que le permitiría leer con el movimiento de los dedos sobre una página. Años después, Hellen Keller imitó a Louis en algunas cosas. Helen Keller salió de su mundo de silencio y oscuridad con el sistema que había inventado Braille.

Louis Braille desarrolló el sistema de escritura Braille en 1824, a los quince años de edad.

# Comprensión

✔ **DESTREZA CLAVE** **Idea principal y detalles**

Cuando leas *Helen Keller*, aprenderás muchos detalles sobre su infancia. Usa esos detalles para hallar las ideas principales o importantes que da la autora. En una tabla como esta, muestra una idea principal de la vida de Helen. Haz una lista de los detalles que aclaran la idea principal.

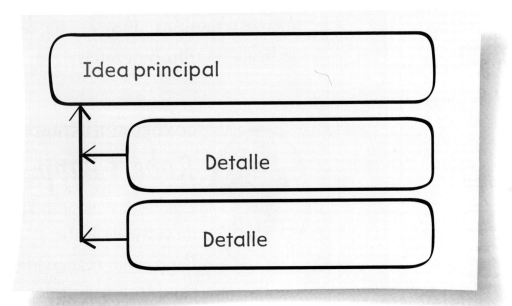

✔ **ESTRATEGIA CLAVE** **Resumir**

Al leer, usa las ideas principales para resumir lo que es importante de la vida de Helen. Luego usa tu resumen para entender el tema mejor. Explica la diferencia entre el tema y la idea principal.

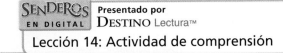

SENDEROS EN DIGITAL  Presentado por DESTINO Lectura™

Lección 14: Actividad de comprensión

✔ **VOCABULARIO CLAVE**

| | |
|---|---|
| conocimiento | enfermedad |
| curioso | imitar |
| movimiento | oscuridad |
| silencio | comportamiento |

✔ **DESTREZA CLAVE**

**Idea principal y detalles** Indica las ideas importantes y los detalles de un tema.

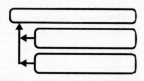

✔ **ESTRATEGIA CLAVE**

**Resumir** Al leer, detente y anota los sucesos más importantes del cuento.

**GÉNERO**

Una **biografía** cuenta los sucesos de la vida de una persona.

**CONOCE A LA AUTORA**

## Jane Sutcliffe

El lugar favorito de Jane cuando era niña era la biblioteca. Dice que le encantaba leer biografías, ya que así podía averiguar cómo era la vida cotidiana de las personas de otros lugares y tiempos. Hoy en día, se dedica a escribir biografías.

**CONOCE AL ILUSTRADOR**

## Robert Papp

Casi todas las prendas de vestir de Robert Papp están manchadas con pintura, porque es muy descuidado a la hora de pintar. El Sr. Papp vive en Pennsylvania con su mujer Lisa, quien también es artista. Ella, sin embargo, no es tan descuidada cuando pinta.

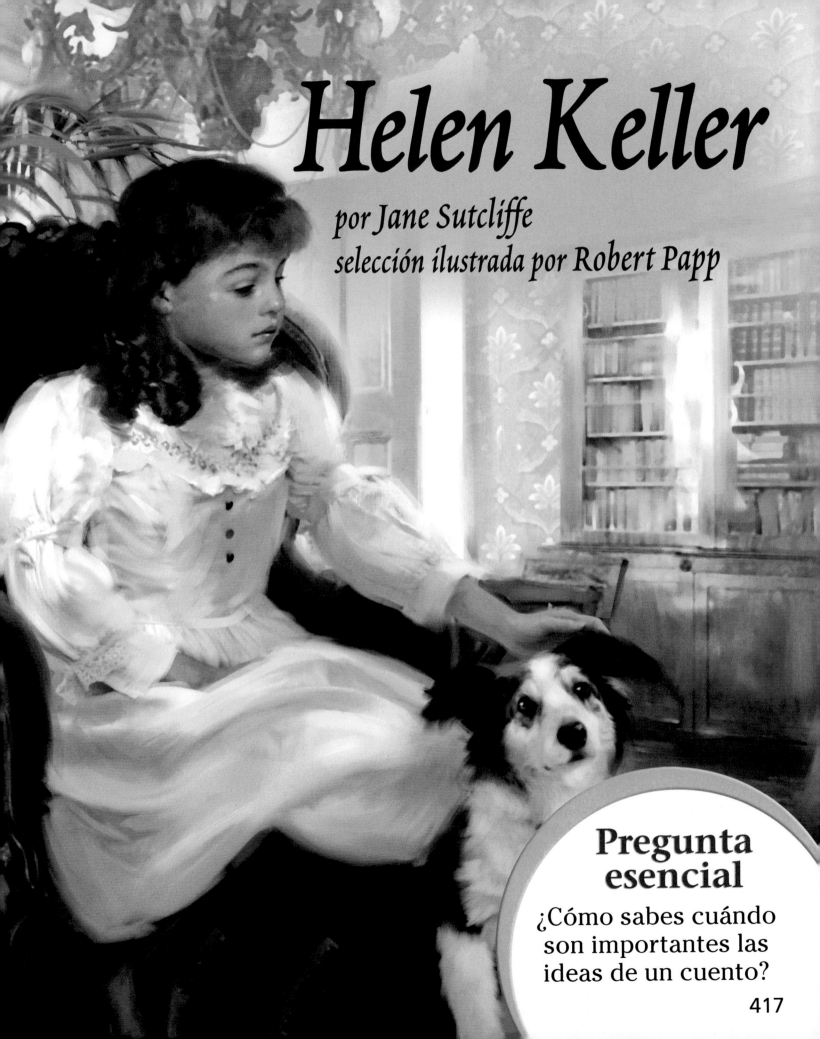

# Helen Keller

por Jane Sutcliffe

selección ilustrada por Robert Papp

## Pregunta esencial

¿Cómo sabes cuándo son importantes las ideas de un cuento?

# Tuscumbia, Alabama
## 1886

Helen Keller extendió la mano. Tocó un pelaje cálido y áspero. Sus dedos curiosos se deslizaron hacia abajo. Tocaron algo suave y húmedo. Y, ¡paf! Una cola peluda la golpeó en la cara.

Helen no podía ver la vaca lechera de su familia, pero le gustaba tocarla. Había sido ciega y sorda casi toda la vida. Solo sabía relacionarse con el mundo por medio del tacto, el gusto y el olfato.

Helen Keller nació en 1880, en Tuscumbia, Alabama. Cuando era tan solo una bebita, se enfermó gravemente. Esta enfermedad la dejó ciega y sorda. Helen no podía oír la risa de sus hermanos, ni la voz de su madre. No podía ver la sonrisa de su padre, ni las bellas flores que había en el jardín. Para Helen, solo existían el silencio y una oscuridad gris.

Los niños necesitan escuchar las palabras para aprender a hablar. Pero Helen no oía nada. Por lo tanto, no podía hablar. En cambio, hacía movimientos. Cuando necesitaba a su madre, se ponía la mano en la cara. Cuando necesitaba a su padre, hacía el gesto de ponerse lentes. Cuando tenía hambre, hacía como que rebanaba y le ponía mantequilla al pan.

Helen Keller

Helen sabía que era distinta al resto de la familia. Ellos movían los labios cuando querían algo. A veces, Helen se paraba entre dos personas que conversaban y les ponía las manos sobre los labios. Luego, ella trataba de moverlos, pero nadie la entendía.

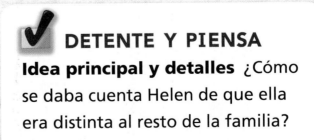

✔ **DETENTE Y PIENSA**

**Idea principal y detalles** ¿Cómo se daba cuenta Helen de que ella era distinta al resto de la familia?

Eso la enojaba. A veces gritaba, lloraba y pataleaba
por horas. Tiraba cosas y les pegaba a las personas.
Pero eso no cambiaba nada. Aún estaba sola en su
silencio y oscuridad.

Helen era una niña difícil de controlar. Los padres no sabían cómo ayudarla. La llevaron a varios médicos, pero ninguno podía ayudarla a ver y oír otra vez. Al cumplir los seis años, un médico les recomendó a los padres que visitaran a Alexander Graham Bell. El doctor Bell era famoso porque había inventado el teléfono. Además, enseñaba a personas sordas.

Alexander Graham Bell

El doctor Bell les dijo a los Keller que le escribieran una carta a Michael Anagnos, que vivía en Boston. El señor Anagnos era el director de la Institución Perkins para Ciegos. Él creía que Helen podía aprender a expresar los pensamientos que llevaba encerrados y les prometió enviarles una maestra para Helen.

Michael Anagnos

# Helen y su Maestra
## Marzo de 1887

La maestra de Helen llegó a vivir con la familia Keller esa misma primavera. Se llamaba Annie Sullivan. Había estudiado en la escuela Perkins y era casi ciega. Para poder educarla, Annie primero tenía que controlar el comportamiento salvaje de Helen. Pero Helen no entendía que Annie solo quería ayudarla y peleó con ella durante dos semanas. La golpeó y le rompió un diente. Incluso la encerró en un cuarto del segundo piso de la casa. El señor Keller tuvo que sacar a Annie por la ventana con una escalera.

Annie Sullivan

Sin embargo, Annie no se dio por vencida. Poco a poco, Helen aprendió a confiar en su nueva maestra. Annie comenzó a enseñarle palabras. Deletreaba las palabras con los dedos. Con la mano hacía una forma distinta para cada letra y las formaba sobre la mano de Helen. Cuando Annie le daba un poco de pastel, le deletreaba P-A-S-T-E-L en la palma de la mano. Cuando Helen jugaba con su muñeca, Annie le deletreaba M-U-Ñ-E-C-A. Helen imitaba las formas. Pensaba que era un juego. No sabía que esas formas deletreaban palabras.

Al cabo de un mes, Helen podía deletrear todo lo que Annie deletreaba. Pero Helen no sabía que estaba nombrando las cosas que tocaba.

**DETENTE Y PIENSA**
**Resumir** ¿Cómo le enseñó Annie palabras a Helen?

Annie deletrea palabras en la mano de Helen.

Un día, Helen y Annie fueron de paseo al pozo. Alguien estaba bombeando agua del pozo. Annie acercó la mano de Helen al agua que salía. Helen sintió el agua fresca en una mano y los dedos de su maestra deletreando A-G-U-A en la otra. Annie deletreó esta palabra una y otra vez. De repente, Helen se quedó inmóvil. ¡Lo entendió todo de una vez! El líquido que corría por su mano tenía un nombre: era ¡A-G-U-A!

¡Todo tenía nombre! Y Helen quería aprenderlos todos. Corrió de un objeto a otro, y Annie deletreaba el nombre de todo lo que Helen tocaba. Luego, Helen se volteó y señaló a Annie. Annie deletreo M-A-E-S-T-R-A. A partir de ese momento, para Helen, el nombre de Annie era "Maestra". Ese verano, Helen aprendió muchas palabras nuevas. Dejó de usar los gestos. Sus dedos le brindarían todas las palabras que necesitaba.

Annie no le enseñó las palabras de una en una; le hablaba con oraciones completas. Así, Helen aprendió algo más que palabras nuevas: aprendió nuevas ideas. Helen y Annie daban largos paseos por el bosque y por la orilla del río. En esos paseos, Annie le enseñaba. Le mostró cómo brotaban las semillas y cómo crecían las plantas. Para enseñarle sobre los volcanes, hizo montañas de barro. A veces se subían a un árbol y ahí mismo tenían la clase.

Helen y Annie tienen una clase en el árbol.

Así se lee un libro en Braille.

Helen estaba hambrienta de conocimientos. Quería aprender todo lo que Annie podía enseñarle. Poco después, Annie comenzó a enseñarle a leer. Las palabras estaban impresas en alto relieve para los ciegos.

Helen palpaba las palabras con los dedos. Le gustaba buscar las palabras que conocía. Cuando aprendió a leer mejor, leía sus libros una y otra vez. Con el tiempo, sus dedos curiosos desgastaron el relieve de las letras.

**DETENTE Y PIENSA**
**Técnica de la autora** ¿Qué quiere decir "hambrienta" en la primera oración?

Helen también aprendió a escribir. Les escribía cartas a su familia y al doctor Bell. También le escribió muchas cartas al señor Anagnos de Boston. El señor Anagnos estaba sorprendido de ver cuánto había aprendido Helen y publicó algunas de sus cartas. Los periodistas comenzaron a escribir sobre Helen y muy pronto se hizo famosa. Gente de todo el mundo quería saber más sobre el milagro de esta niña. Y Helen quería saber todo sobre el mundo entero.

# Es tu turno

## Elige una heroína

**Hacer una votación**

¿Quién fue mejor heroína, Helen o su maestra? Pide a tus compañeros que voten. Luego, forma un grupo pequeño con quienes compartan tu opinión. Hagan una lista con las razones de sus elecciones. Compartan las ideas con la clase. GRUPO PEQUEÑO

**¿Quién fue mejor heroína?**

| Helen | Annie |
|-------|-------|
| \|\|\|\|\|\| | \|\|\|\|\| |

## Grandes ideas

**Turnarse y comentar**

Elige una página de la selección. Trabaja con un compañero para hallar la idea más importante de esa página. Comenten por qué piensan que esa idea es la más importante. IDEA PRINCIPAL Y DETALLES

### GÉNERO

Un **texto informativo** da información basada en hechos sobre un tema. Este es un texto de ciencias.

### ENFOQUE EN EL TEXTO

Las **fotografías** muestran imágenes de detalles importantes. Los **pies de foto** dan más datos sobre la foto.

# Aparatos que hablan

Helen Keller vivía en la oscuridad, pero era muy curiosa acerca del mundo. Esa frustración era la causa de su comportamiento agresivo. Gracias al Braille pudo adquirir conocimientos. Hoy en día, las personas que no pueden ver usan Braille para leer.

Las máquinas ATM (Cajeros automáticos) de los bancos, tienen impresiones en Braille para que las personas no videntes puedan hacer sus operaciones. ¡Algunas hasta hablan! Con un solo movimiento los usuarios enchufan su audífono y la máquina les dice qué hacer.

Cajero automático 24 horas

El organizador Braille es una computadora que ayuda a los no videntes. Ellos escriben sus notas usando un teclado Braille. Las notas quedan guardadas en Braille. Más tarde, los usuarios pueden leerlas con los dedos en silencio. ¡La máquina también puede leer las notas en voz alta!

Esta niña escribe notas en un organizador Braille. El organizador imita la voz humana para leer en voz alta.

altoparlante

panel de lectura

teclado Braille

¿Y qué pasa si una persona invidente quiere tomar su temperatura en caso de enfermedad? ¡Puede usar un termómetro parlante! También hay relojes de pared y de pulsera parlantes. Las caras de los relojes están en Braille.

Si Helen Keller viviera hoy en día, se alegraría mucho de saber cuántos aparatos nuevos pueden ayudar a las personas con discapacidades.

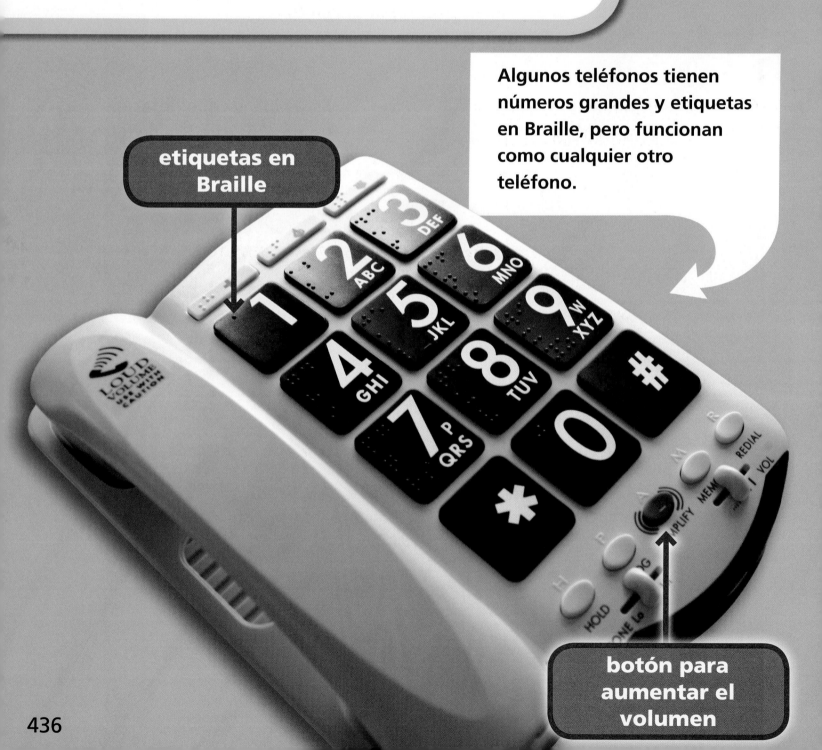

**Algunos teléfonos tienen números grandes y etiquetas en Braille, pero funcionan como cualquier otro teléfono.**

**etiquetas en Braille**

**botón para aumentar el volumen**

# Hacer conexiones

 **El texto y tú**

**Comentar el aprendizaje** Piensa en algunas de las cosas que Helen aprendió de Annie. Comenta en grupo sobre cómo aprendiste las mismas lecciones y el contraste con la manera en que aprendió Helen. Túrnense para hablar y escucharse.

 **De texto a texto**

**Conectar con la Tecnología** ¿Cuál de los aparatos de "Aparatos que hablan" crees que le habría gustado más a Helen? Comenta tus ideas con un compañero.

 **El texto y el mundo**

**Escribir un párrafo** Piensa en la tecnología Braille sobre la que leíste en "Aparatos que hablan". Escribe un párrafo sobre la manera en la que tu ciudad puede ayudar a los miembros no videntes de la comunidad.

# Gramática

**Sustantivos comunes y propios** Los **días de la semana** y los **meses** del año son sustantivos comunes y se escriben con letra minúscula.

Los **días festivos** son sustantivos propios y se escriben con letra mayúscula.

| Días | Meses | Días festivos |
|------|-------|---------------|
| lunes | marzo | Año Nuevo |
| viernes | julio | Día de Acción de Gracias |
| sábado | septiembre | Día de la Independencia |

 **Escribe cada oración correctamente.**

1. ¿Es el día del trabajo en septiembre o en octubre?

2. El día de los enamorados es en febrero.

3. Este lunes es el día de la tierra.

4. Le di flores a mi mamá el día de la madre.

**Ideas** Cuando escribas, incluye palabras como días, días festivos o fechas para que tu lector sepa cuándo suceden los hechos. Recuerda que los días y los meses empiezan con letra minúscula, pero los días festivos se escriben con letra mayúscula.

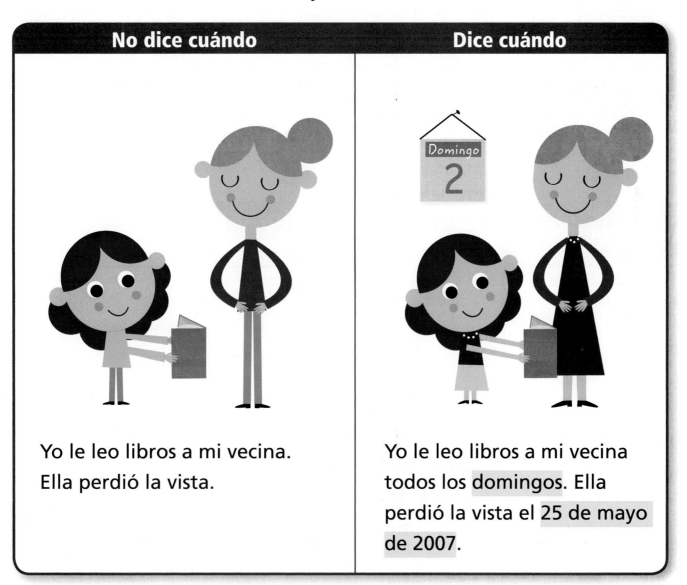

| No dice cuándo | Dice cuándo |
|---|---|
| Yo le leo libros a mi vecina. Ella perdió la vista. | Yo le leo libros a mi vecina todos los domingos. Ella perdió la vista el 25 de mayo de 2007. |

## Relacionar la gramática con la escritura

Cuando revises tu ensayo persuasivo, piensa en maneras de dar más información a tu lector. Agrega palabras que indiquen cuándo suceden los hechos.

# Escribir para persuadir

**✔ Ideas** Cuando escribes para persuadir, da a tus lectores razones que apoyen tu objetivo.

Farah hizo una red para planear su **ensayo persuasivo**. Tenía dos razones. Más tarde, agregó detalles y datos para que sus razones fueran más fuertes.

## Lista de control del proceso de escritura

▶ **Preparación para la escritura**

✔ ¿Elegí un objetivo que me interesa?

✔ ¿Di razones que apoyen mi objetivo?

✔ ¿Incluí detalles y datos para que mis razones fueran convincentes para mi audiencia?

**Hacer un borrador**

**Revisar**

**Corregir**

**Publicar y compartir**

**Explorar un tema**

Objetivo:
Recaudar dinero para libros en Braille

La biblioteca necesita más libros en Braille.

Podemos ayudar.

Objetivo: Recaudar dinero para libros en Braille

La biblioteca necesita más libros en Braille.

Podemos ayudar.

Mucha gente de la ciudad lee Braille.

La biblioteca solo tiene 20 libros en Braille.

Nuestra escuela quiere un proyecto comunitario.

Podemos hacer una maratón de lectura.

Agregué detalles secundarios para que mi objetivo fuera más convincente.

## Leer como escritor

¿Qué detalles agregó Farah? ¿Qué detalles puedes agregar para que tus razones sean más persuasivas?

✔ **VOCABULARIO CLAVE**

**obedecer**

**seguridad**

**atención**

**amigo**

**estación**

**discurso**

**impresionado**

**enorme**

| Librito de vocabulario | Tarjetas de contexto |
|---|---|

# Vocabulario en contexto

- Lee cada Tarjeta de contexto.

- Cuenta una historia sobre dos ilustraciones usando las palabras del vocabulario.

**1 obedecer**

Un conductor responsable obedece las normas del tránsito.

**2 seguridad**

El bombero enseña medidas de seguridad a los niños. Les enseña a tener cuidado.

### 3 atención

Antes de cruzar la calle presta mucha atención y mira a ambos lados.

### 4 amigo

Nunca nades a solas. Nada siempre con un familiar o un amigo.

### 5 estación

La estación de policía es un buen lugar para ir si necesitas ayuda.

### 6 discurso

Parte de su trabajo es dar un breve discurso. Hablará sobre la seguridad en el avión.

### 7 impresionado

Está impresionada por el calor que está haciendo. ¡Tiene que ponerse a la sombra pronto!

### 8 enorme

Sólo las personas autorizadas pueden entrar en esta enorme planta industrial.

# Contexto

**✔ VOCABULARIO CLAVE** **Oficiales de policía** Los oficiales de policía hacen un gran trabajo, ya sea en una ciudad enorme o en un pueblo pequeño. Se fijan que todos obedezcan las leyes. Algunos trabajan en una estación de policía. Otros patrullan con un compañero. A veces, los oficiales visitan una escuela para dar un discurso. Debes prestar atención a sus consejos de seguridad. Los oficiales no quedan impresionados con las preguntas que les hacen. ¡Han visto muchas cosas en su trabajo! Muchas veces también son buenos amigos.

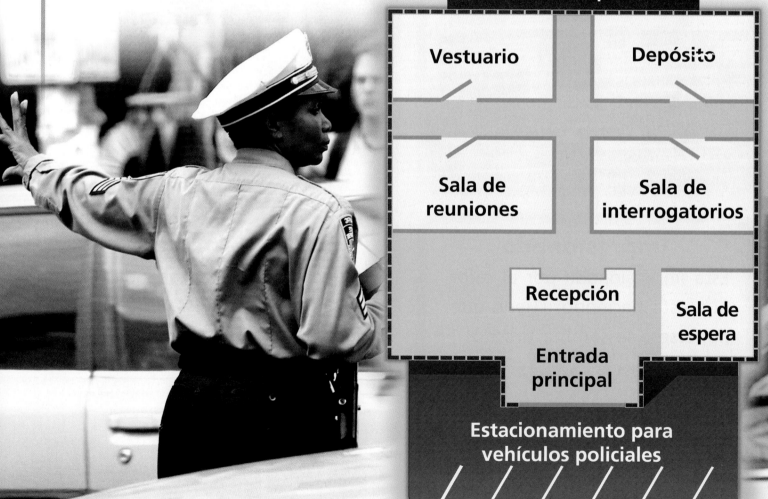

Este es un mapa de una estación de policía.

Vestuario

Depósito

Sala de reuniones

Sala de interrogatorios

Recepción

Sala de espera

Entrada principal

Estacionamiento para vehículos policiales

# Comprensión

✔ **DESTREZA CLAVE** **Causa y efecto**

En *El oficial Buckle y Gloria,* algunos sucesos hacen que otras cosas sucedan. El primer suceso es la causa. El suceso que es el resultado de una causa es su efecto. Muestra cómo se conectan los sucesos en una tabla como esta.

| Causa | Efecto |
|---|---|
|  |  |

✔ **ESTRATEGIA CLAVE** **Verificar/Aclarar**

Cuando leas, verifica tu comprensión de los sucesos del cuento. Si no entiendes por qué sucede algo, detente y piensa. Buscar causas y efectos puede ayudarte a entender mejor el cuento.

**El oficial Buckle y GLORIA**

PEGGY RATHMANN

✔ **VOCABULARIO CLAVE**

| | |
|---|---|
| obedecer | estación |
| seguridad | discurso |
| atención | impresionado |
| amigo | enorme |

✔ **DESTREZA CLAVE**

**Causa y efecto** Indica cómo un suceso hace que se produzca otro.

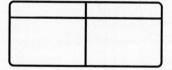

✔ **ESTRATEGIA CLAVE**

**Verificar/Aclarar** Busca maneras de aclarar lo que no tenga sentido.

**GÉNERO**

Un **cuento humorístico** se escribe para hacer reír al lector.

**CONOCE A LA AUTORA E ILUSTRADORA**

# Peggy Rathmann

La familia de Peggy Rathman tenía una perrita llamada Skippy. Un día feriado, la familia se reunió a tomar el desayuno. Y como era una reunión familiar, alguien estaba filmándolo todo. Más tarde al ver el video, vieron a la perrita Skippy al fondo, lamiendo ¡los huevos poché sobre la mesa de servicio! Nadie se había dado cuenta. Skippy fue el modelo para la perrita que aparece en *El oficial Buckle y Gloria.*

# El oficial Buckle
## Y
# GLORIA

### escrito e ilustrado por
### PEGGY RATHMANN

## Pregunta esencial

¿Qué puede hacer que el personaje de un cuento cambie?

El oficial Buckle sabía más consejos de seguridad que nadie en Napville.

Cada vez que se le ocurría uno nuevo, lo ponía en su tablero de anuncios.

Consejo de seguridad #77
NO PARARSE sobre una SILLA GIRATORIA.

El oficial Buckle les daba sus consejos a los estudiantes de la escuela de Napville.

Pero nadie le hacía caso.

Incluso, a veces se oían ronquidos.

Luego, todo seguía como de costumbre.

La Sra. Toppel, la directora, quitaba el anuncio de bienvenida.

—NO PARARSE sobre una SILLA GIRATORIA —decía el oficial Buckle, pero la Sra. Toppel no lo escuchó.

Un buen día, el Departamento de Policía de Napville compró una perrita llamada Gloria.

Cuando llegó el día en que al oficial Buckle le tocaba dar su discurso de seguridad en la escuela, Gloria lo acompañó.

—Niños, esta es Gloria —anunció el oficial Buckle—. Gloria obedece mis órdenes. Gloria, ¡SIÉNTATE!

Y Gloria se sentó.

El oficial Buckle dio el consejo de seguridad número uno:
—¡ATARSE los CORDONES!
Los niños se sentaron bien para prestar atención.

El oficial Buckle se volteó para comprobar si Gloria estaba sentada prestando atención. Y sí, lo estaba.

—Consejo de seguridad número dos —dijo el oficial
Buckle—. ¡Limpiar SIEMPRE los derrames ANTES de que
alguien SE RESBALE Y SE CAIGA!

Los niños abrieron los ojos grandes de asombro.

El oficial Buckle miró a Gloria otra vez.

—¡Muy bien! —le dijo.

El oficial Buckle se acordó de un consejo de seguridad
que había descubierto esa mañana.

—¡NUNCA dejen TACHUELAS donde se vayan
a SENTAR!

El público explotó en una carcajada.

El oficial Buckle sonrió y dio el resto de sus consejos con *mucha* expresión.

Los niños aplaudieron y vitorearon. Algunos hasta lloraron de la risa.

El oficial Buckle se sorprendió. Nunca había pensado que los consejos de seguridad podían ser tan divertidos.

Después de *este* discurso de seguridad, no hubo ni un solo accidente.

**DETENTE Y PIENSA**
**Causa y efecto** ¿Qué hacen los niños cuando Gloria representa los consejos de seguridad del oficial Buckle?

Al día siguiente llegó un sobre enorme a la estación
de policía. Estaba repleto de cartas de agradecimiento
de los estudiantes de la escuela de Napville.

En todas las cartas había un dibujo de Gloria.

El oficial Buckle pensó que los dibujos demostraban
gran imaginación infantil.

## DETENTE Y PIENSA

**Verificar/Aclarar** ¿Por qué crees que
el oficial Buckle piensa que los dibujos
de los estudiantes muestran gran
imaginación?

Su carta favorita estaba escrita en una hoja de papel con forma de estrella y decía:

Usted y Gloria forman un buen equipo.

Su amiga,
Clara

p.d. Yo siempre uso
un casco de seguridad.
(Consejo de seguridad #7)

El oficial Buckle estaba colgando la carta de Clara en su tablero de anuncios cuando empezaron a sonar los teléfonos. Las escuelas primarias, secundarias y las guarderías estaban llamando para pedir un discurso de seguridad.

—Oficial Buckle —le decían—, ¡nuestros estudiantes quieren escuchar sus consejos de seguridad! Y por favor, traiga a esa perro de policía.

457

El oficial Buckle dio sus consejos de seguridad en 313 escuelas.
Dondequiera que él y Gloria iban, los niños se sentaban y
escuchaban con atención.

Después de cada discurso, el oficial Buckle llevaba a Gloria a comer helado.

Al oficial Buckle le encantaba tener una amiga.

Entonces, un día, un equipo de noticias de televisión filmó al oficial Buckle en el auditorio de una universidad estatal.

Cuando terminó de dar su consejo número noventa y nueve, ¡NO NADAR DURANTE UNA TORMENTA ELÉCTRICA!, los estudiantes se pararon y aplaudieron.

—¡Bravo! ¡Bravo! —aclamaban. El oficial
Buckle saludó al público una y otra vez.

**DETENTE Y PIENSA**

**Técnica de la autora** La autora
usa mayúsculas en algunas palabras.
¿Por qué lo hace?

Esa noche, el oficial Buckle se vio en el noticiero de las diez.

Al día siguiente, la directora de la escuela de Napville llamó a la estación de policía.

—¡Buenos días, oficial Buckle! Hoy nos toca nuestro discurso de seguridad.

El oficial Buckle frunció el ceño.

—¡Ya no estoy dando más discursos! Total, ¡nadie me hace caso!

—¡Ah! —dijo la Sra. Toppel—. Bueno, ¿y qué tal Gloria? ¿Podría venir ella?

Alguien de la estación de policía llevó a Gloria hasta la escuela.

Gloria se sentó solita frente al público. Luego, se quedó dormida. Y el público también.

Después de que Gloria se fue, la escuela de Napville tuvo el peor accidente de su historia…

Todo empezó con un charco de crema de plátano.
¡SPLACH! ¡SPLACHI! ¡SPLOCH!

Todos se tropezaron hasta chocar con la Sra. Toppel, quien gritó y soltó el martillo.

A la mañana siguiente llegaron un montón de cartas
a la estación de policía.

En todas las cartas había un dibujo del accidente.

El oficial Buckle se quedó impresionado.

Al final de la pila había una nota escrita en un papel
con forma de estrella.

El oficial Buckle sonrió. La nota decía:

Gloria le dio un gran beso en la nariz al oficial Buckle.

El oficial Buckle le dio unas palmaditas en el lomo a Gloria.

Luego, al oficial Buckle se le ocurrió su mejor consejo de seguridad...

Consejo de seguridad #101
¡NUNCA TE SEPARES DE UN BUEN AMIGO!

# Es tu turno

## Seguridad en la escuela

### Escribir un consejo

Piensa en un nuevo consejo de seguridad para la escuela. Tu consejo puede ser serio o gracioso. Escríbelo en una hoja y haz un dibujo para acompañarlo. Luego, escribe algunas oraciones para contar qué pasaría si las personas no siguieran tu consejo de seguridad. Comparte tu consejo con tus compañeros. CAUSA Y EFECTO

## Comentar los cambios

**Turnarse y comentar**

Trabaja con un compañero. Comenta un cambio del oficial Buckle durante el cuento. Pide a tu compañero que diga qué causó ese cambio. Después, intercambien los roles. Den otro ejemplo. CAUSA Y EFECTO

## Conectar con los
# Estudios Sociales

Seguridad en casa

### ✔ VOCABULARIO CLAVE

| | |
|---|---|
| obedecer | estación |
| seguridad | discurso |
| atención | amigo |
| impresionado | enorme |

### GÉNERO

Un **teatro del lector** es un texto que ha sido escrito para que los lectores lo lean en voz alta.

### ENFOQUE EN EL TEXTO

Las **instrucciones** indican cómo hacer algo paso a paso. A medida que lees, presta atención a cómo se usa el diálogo para dar instrucciones.

# Seguridad
## en casa

**por Margaret Sweeny**

**Personajes**

**Papá**

**Alexa**

Jorge

**Papá:** ¿Cómo les fue en la excursión?

**Alexa:** Muy bien, papá. Visitamos una estación de bomberos enorme.

**Jorge:** El jefe de bomberos dio un discurso sobre la seguridad.

**Papá:** Espero que hayan escuchado con atención.

**Alexa:** Claro. Luego hice un cartel sobre seguridad con un amigo. Mi amigo es Jorge.

**Jorge:** Mire nuestro cartel. Es sobre la norma "para, tírate y rueda".

**Papá:** ¡Estoy bastante impresionado! Ustedes saben más de seguridad contra incendios que yo.

## PARA, TÍRATE Y RUEDA

1. Si se te prende la ropa, no corras.

2. PARA donde estés.

3. TÍRATE al piso. Cúbrete la cara con las manos.

4. RUEDA y rueda sin parar para apagar el fuego.

**Alexa:** En la escuela todo el mundo obedece las normas de seguridad contra incendios.

**Jorge:** ¿Sabe qué quiere decir "al piso y avanza"?

**Papá:** No.

**Jorge:** Si hay humo en la casa, échese al piso.

**Alexa:** Eso es porque el humo sube. Uno se agacha para quedar por debajo del humo.

**Jorge:** Luego, hay que arrastrarse hasta la salida más próxima.

**Alexa:** Después hay que ir a un punto de encuentro y esperar al resto de la familia.

**Papá:** Elijamos un punto de encuentro ahora mismo.

**Alexa:** ¡Eso! Así podremos practicar estos consejos de seguridad.

# Hacer conexiones

 **El texto y tú**

**Escribir una leyenda** Los consejos de seguridad del oficial Buckle se basan en su propia vida. Piensa en un consejo de seguridad que aprendiste. Haz un dibujo de lo que podría hacer Gloria para representar ese consejo. Escribe una leyenda para tu dibujo.

 **De texto a texto**

**Comparar y contrastar** ¿En qué se parecen los consejos de seguridad del oficial Buckle a los de "Seguridad en casa"? ¿En qué se diferencian? Habla de eso con un compañero.

 **El texto y el mundo**

**Conectar con los Estudios Sociales**
Gloria representó consejos de seguridad, y Alexa y Jorge hicieron un cartel de seguridad contra incendios. Haz un cartel sobre seguridad para la clase.

# Gramática

**Abreviaturas** Los días de la semana, los meses del año y los títulos de personas son sustantivos que se pueden abreviar. Una **abreviatura** es una forma corta de escribir una palabra. Se quitan algunas de las letras de la palabra y se agrega un punto al final.

**Lenguaje académico**

abreviatura

| Sustantivos | Abreviaturas |
|---|---|
| lunes | lun. |
| marzo | mar. |
| Señor Smith | Sr. Smith |
| Doctor Gómez | Dr. Gómez |

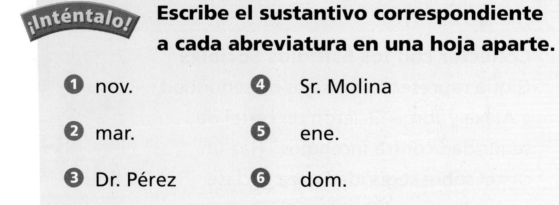

**¡Inténtalo!** **Escribe el sustantivo correspondiente a cada abreviatura en una hoja aparte.**

**1** nov.

**2** mar.

**3** Dr. Pérez

**4** Sr. Molina

**5** ene.

**6** dom.

**Convenciones** Asegúrate de usar abreviaturas correctamente al escribir. Acuérdate de incluir el punto al final de la abreviatura.

| Abreviaturas incorrectas | Abreviaturas correctas |
| --- | --- |
| El sr Wang dice que el dr Gómez está de vacaciones. | El **Sr.** Wang dice que el **Dr.** Gómez está de vacaciones. |

## Relacionar la gramática con la escritura

Cuando revises tu ensayo persuasivo, asegúrate de haber usado las letras mayúsculas y los signos de puntuación correctamente.

# Escribir para persuadir

✅ **Organización** Cuando escribes un **ensayo persuasivo**, cada razón puede empezar un párrafo nuevo. Farah escribió un borrador de su ensayo. Más tarde, cambió las cosas de lugar para que cada razón empezara un párrafo nuevo.

## Lista de control del proceso de escritura

Preparación para la escritura

Hacer un borrador

▶ **Revisar**

✅ ¿Enuncié mi objetivo claramente?

✅ ¿Di razones para mi objetivo?

✅ ¿Incluí datos y ejemplos para cada razón?

✅ ¿Resumí mis razones?

Corregir

Publicar y compartir

## Borrador revisado

La biblioteca de nuestra ciudad tiene un problema. ¶ En nuestra ciudad hay 34 personas que leen Braille. La biblioteca solo tiene 20 libros en Braille. Necesita más. Necesita dinero. ¶ Nuestra escuela quiere hacer un proyecto con la comunidad. Podemos hacer un maratón de lectura para recaudar dinero.

# ¡Ayude a nuestra biblioteca!

por Farah Jamali

La biblioteca de nuestra ciudad tiene un problema. Necesita dinero para libros en Braille.

En nuestra ciudad hay 34 personas que leen Braille. La biblioteca solo tiene 20 libros en Braille. Necesita más.

Nuestra escuela está buscando un proyecto comunitario. Ayudar a la biblioteca sería un buen proyecto para nosotros. Podemos hacer un maratón de lectura para recaudar dinero para libros en Braille. Cada estudiante puede completar una hoja de compromiso.

> Comencé un párrafo nuevo para cada razón.

## Leer como escritor

¿Cómo organizó Farah su ensayo para que sus razones fueran más claras? ¿Cómo puedes organizar tus razones y tus detalles?

477

LECTURA DINÁMICA

Lee estas dos selecciones. Piensa en la idea principal y los detalles.

# Un mejor amigo peludito

El perro de pelo amarillo se llama Tobías y está siempre cerca de Juliana. Cuando Juliana camina, Tobías camina con ella. Tobías es especial. Su trabajo consiste en cuidar a Juliana.

Juliana no ve bien. Tobías fue a una escuela especial para perros donde aprendió a ayudar a Juliana. Él la guía para que no tropiece con las cosas que puede haber en el camino.

Tobías ayuda a Juliana a cruzar la calle. Mira hacia los dos lados y se asegura de que no pasen autos para que Juliana pueda cruzar sin peligro.

—¡Buen trabajo, Tobías! —dice Juliana. Ella y Tobías son un excelente equipo.

# Willie, el héroe

En marzo de 2009, un loro llamado Willie ganó el Premio Animal Salvavidas (*Animal Lifesaver Award*). Willie fue la primera ave en ganarlo. En general este premio lo reciben los perros héroes.

Willie vive con su dueña y la hijita. Sabe pronunciar unas pocas palabras y casi siempre habla cuando quiere comida.

Un día, Willie estaba solo con la niña y la niñera. Cuando la niñera se fue a otra habitación por unos segundos, la niña comenzó a ahogarse con la comida. Willie empezó a gritar:

—¡Mamá, bebé, mamá, bebé!

La niñera volvió corriendo a la habitación y la ayudó. Dijo que Willie era un héroe. Había salvado la vida de la niña.

# Conclusión de la Unidad 3

## Gran idea

### Aprendemos de los demás

Haz un libro para compartir con un niño más pequeño. Tu libro debe explicar cómo hacer o preparar algo. Haz dibujos y escribe palabras en cada una de las páginas. ¿Qué aprenderá este niño de tu libro?

## Escuchar y hablar

### Mira lo que puedo hacer

Piensa en algo que sabes hacer bien, por ejemplo, armar un avión de papel. Demuestra cómo hacerlo frente a la clase. Habla lo más claro que puedas mientras lo enseñas.

# Glosario

En este glosario encontrarás las palabras clave del libro. Las definiciones se dan según el contexto en que las palabras aparecen en las lecturas.

## A

**a la deriva**

Sin dirección o propósito fijo: *El bote anduvo varios días a la deriva antes de llegar a la costa.*

**acordarse**

Traer algo a la memoria: *Mi hermano no se acordaba de mi cumpleaños.*

**acurrucarse**

Encogerse para resguardarse del frío o por otro motivo: *Se acurrucó junto a su madre y se quedó dormida.*

**alertar**

Avisar de una amenaza o un peligro: *La sirena alertó a los bomberos del incendio.*

**altura**

Distancia o elevación de cualquier cuerpo sobre la superficie de la tierra: *La avioneta vuela a poca altura.*

altura

**amigo**

Que tiene amistad: *Él es mi amigo desde el verano.*

**ardilla listada**

Mamífero roedor con líneas en su espalda: *Mi amiga tiene una ardilla listada en su jardín.*

**aroma**

Perfume, olor agradable: *Me gusta el aroma del café.*

**arrugado**

Plegado, fruncido: *El mantel está arrugado: hay que plancharlo.*

**asentir**

Admitir como cierto lo que otro ha propuesto antes: *Asentí cuando mi maestra me propuso dirigir el proyecto. Los niños asienten cuando la maestra les indica subirse al bus.*

**asustar**

Causar temor o desasosiego: *Mi hermana se asustó con un insecto. No toques un animal salvaje, si se asusta puede atacar.*

**atareado**

Muy ocupado: *La niña está muy atareada con sus tareas. Los estudiantes están atareados con sus exámenes.*

**atascarse**

Atorarse. Quedarse detenido en el lodo o en un lugar del que no se puede salir: *El camión se atascó en la arena.*

**atención**

Despertar interés: *¡Atención!, vamos a comenzar.*

# B

**babear**

Echar baba: *El perro de mi amigo babeaba a todo el mundo. Normalmente los perros babean al comer.*

**bosque**

Terreno poblado de árboles: *Algunos animales salvajes viven en el bosque.*

**brisa**

Viento suave: *La brisa marina refrescó la mañana.*

# C

## caído

Moverse hacia abajo por la acción de su propio peso: *Para aprender a balancearse hay que tener muchas **caídas**.*

## clase

Conjunto de niños que aprenden con un maestro: *La **clase** visitó el museo.*

## colgar

Suspender algo, sin apoyarlo de su parte inferior: *Las frutas **cuelgan** de los árboles. Mi hermana **colgó** su pintura favorita en la habitación.*

## collar

Pieza que se pone alrededor del cuello: *Mañana le compraré a mi perro un **collar** nuevo.*

## compartir

Distribuir, participar de algo con alguien: *Me gusta **compartir** mis juguetes con mis amigos.*

## comportamiento

Conducta, manera de actuar: *Su **comportamiento** es mejor en la escuela que en la casa.*

**comunidad**

Grupo de personas que viven juntas o tienen cosas en común: *Al cambiar de* **comunidad** *cambian algunas reglas.*

**conocimiento**

Facultad de aprender y entender: *No tengo mucho* **conocimiento** *de física.*

**copa**

Parte superior de un arbusto o árbol: *Una ave hace su nido en la* **copa** *de un árbol.*

**corona**

Cerco de flores, de ramas o de metal que se coloca sobre la cabeza: *El rey usaba una* **corona** *de oro y plata.*

**crecer**

Aumentar de tamaño: *Los animales al* **crecer** *comen más alimento.*

**creer**

Pensar, juzgar, suponer algo: *Las personas tienen que* **creer** *en ellas mismas.*

**cualquier hora**

Cualquier momento: *Puedes llamarme a* **cualquier hora** *si te sientes triste.*

**cuidado**

Solicitud de especial atención: *La señal de tránsito nos advierte que debemos tener* **cuidado** *con el derrumbe.*

**cultura**

Conocimientos y forma de vida comunes: *Cada país tiene una* **cultura** *diferente.*

**curar**

Recuperar la salud: *Los soldados se* **curaban** *en el hospital.*

**curioso**

Interesado en aprender o esclarecer algo: *El niño está* **curioso** *por aprender matemáticas.*

# D

**dañar**

Estropear, o causar un perjuicio: *Los golpes* **dañan** *las frutas.*

**de verdad**

Real; que tiene existencia verdadera: *Ella quería un animal* **de verdad** *y no un perro de peluche.*

**débil**

Poca fuerza, vigor o energía: *Desde que está enfermo, se lo ve muy* **débil.**

**decidir**

Dar una solución o juicio definitivo sobre un asunto: *Finalmente pudo* **decidir** *qué película quería ver.*

### desagradable

Que disgusta: *La fruta no es fresca y tiene un sabor* **desagradable**.

### destello

Resplandor o rayo de luz intenso y de breve duración: *Ese* **destello** *es del faro.*

**destello**

### destruir

Deshacer, arruinar una cosa: *Un terremoto puede* **destruir** *una ciudad entera.*

### dirección

Rumbo, destino: *El autobús iba en* **dirección** *a la ciudad.*

### discurso

Palabras con que se expresa un pensamiento, un sentimiento o un deseo: *Daré un* **discurso** *ante mis compañeros de la escuela.*

### doblar

Dar forma curva: *Las corrientes de viento* **doblan** *los paraguas.*

### duro

Resistente o fuerte: *La mesa es de madera y este es un material* **duro**.

# E

## echar

Hacer llegar, meter con impulso: *El campesino* ***echó*** *las papas en el costal.*

## enfermedad

Alteración de la salud: *Una mala nutrición puede generar una* ***enfermedad****.*

## enorme

Mucho más grande de lo normal: *El niño tiene un perro* ***enorme****.*

## entender

Comprender o percibir una información: *Primero se tiene que aprender los números para* ***entender*** *las matemáticas.*

## envolver

Rodear una cosa por todas sus partes: *Cuando hace frío me* ***envuelvo*** *con una manta.*

## equivaler

Ser igual en estimación, en valor o en eficacia: *Siete días pueden* ***equivaler*** *a una semana.*

**enorme**

## especial

Que se diferencia de lo general o cotidiano: *Cada país es especial porque tiene costumbres e idiomas diferentes.*

## estación

Conjunto de edificios y de instalaciones de un servicio de transporte público: *Mañana iremos a la estación de autobuses.*

**estación**

## estanque

Depósito pequeño de agua parecido a un lago: *Las ranas saltan en el estanque.*

## exigir

Demandar o pedir algo enérgicamente: *No pido justicia; la exijo. Este trabajo exige dedicación.*

# F

## florecer

Cubrirse de flores las plantas: *Los árboles florecen en la primavera.*

## forma

Figura o características exteriores de algo: *El estanque tiene una forma redondeada.*

**furioso**

Lleno de rabia: *Estaba tan* *furioso que tiró las almohadas al piso.*

# G

**gritar**

Levantar la voz más de lo normal: *Los niños están* *gritando afuera.*

# H

**hacia**

Indica dirección a un tiempo o lugar determinado: *Las aves alzan el vuelo y se dirigen hacia las nubes.*

**hora**

Unidad de tiempo de 60 minutos: *Nos vemos a la hora de la comida.*

# I

**idioma**

Lengua de un pueblo o nación: *Es mejor aprender el idioma del país donde se vive.*

**imitar**

Semejar a algo o alguien: *El cómico imitaba a un político famoso. El tapizado de las sillas imita al cuero.*

## impaciente

Intranquilo, que no tiene paciencia o que quiere conocer algo: *Mi mamá está* **impaciente** *por conocerte.*

## impedir

Imposibilitar una acción: *La falta de una nutrición balanceada puede* **impedir** *un crecimiento sano.*

## imposible

No posible, difícil o que no es fácil de soportar: *Es* **imposible** *escalar la montaña con esta nevada.*

## impresionado

Conmovido por algo: *Mi vecino quedó* **impresionado** *con el tamaño del vecindario.*

## insecto

Animal de antenas con cabeza, cuerpo y abdomen: *La hormiga es un* **insecto**.

**insecto**

# J

### juntarse

Agruparse o ponerse de manera que forme un conjunto: *Los amigos **se juntaron** para jugar al fútbol.*

### juzgar

Valorar o formar un juicio u opinión: *La policía encerró al acusado para que el tribunal lo **juzgara**.*

# L

### liso

Sin arrugas o desigualdades o pelo lacio sin rizos: *Mi perro tiene pelo **liso**.*

### llegar

Alcanzar el final de un recorrido: *Los caminantes **llegan** a la cima. Si estudias puedes **llegar** muy lejos.*

# M

### maravilloso

Que causa admiración: *El paisaje es **maravilloso**.*

### materia

Tema que se enseña en un centro educativo: *No perdí ninguna **materia** porque estudié mucho.*

## medir

Averiguar las dimensiones de algo o alguien: *El veterinario pesaba y **medía** a mi perro. Hay que **medir** al gato para ver si ha crecido.*

## millón

Cantidad alta indeterminada: *Me has contado ese chiste un **millón** de veces.*

## moverse

Cambiar de posición o de lugar, bailar: *—¡**Muévete** al ritmo de la música! —decía Violeta a su amiga. Mi hermano se **mueve** al ritmo de la guitarra.*

## movimiento

Cambio de posición o lugar de algo: *El **movimiento** del corazón se determina por sus latidos.*

## músculo

Tejido fibroso y elástico que mueve las partes del cuerpo: *Cada **músculo** de nuestro cuerpo tiene una función diferente.*

## museo

Lugar donde se muestran y exponen piezas de arte o colecciones de artistas, científicos o personas importantes: *Me gusta el **museo** de ciencia.*

# N

### notar

Darse cuenta de algo: *Mi amigo notó que lloraba.*

# O

### obedecer

Cumplir lo que se manda: *Mi hermano obedece a mi mamá.*

### opción

Posibilidad de elegir entre varias cosas: *Elige una opción; irte o quedarte.*

### oscuridad

Falta de luz o de claridad: *Se escondió en la oscuridad y nadie lo vió.*

# P

### pala

Herramienta rectangular o redondeada con mango cilíndrico. Se utiliza para cavar o trasportar algo: *Mi mamá utiliza la pala para sembrar las plantas.*

**pala**

**pasar**

Ocupar el tiempo: *Pasamos un buen rato jugando.*

**pegajoso**

Que se pega con facilidad: *Daniel está pegajoso después de jugar con la miel.*

**peligroso**

Arriesgado o que puede causar daño: *Conducir un auto sin luces durante la noche es peligroso.*

**pesar**

Determinar una masa: *El carnicero pesaba la carne para determinar su precio. Las frutas se pesan en el mercado para venderlas.*

**piano**

Instrumento musical de cuerda con un teclado: *Me gusta tocar el piano.*

**pico**

Parte saliente de la cabeza de las aves: *El pájaro llevaba un gusano en el pico.*

pico

## podrido

Dañado: *Un pedazo de pan **podrido** no se puede comer.*

## ponerse

Cambiar, adoptar otro color, forma, etc.: *Los labios **se pusieron** azules de frío.*

## porche

Entrada a un edificio, formada por una edificación sostenida por columnas: *Paso todas las tardes leyendo en el **porche**.*

## presumir

Vanagloriarse, alardear: *A mi vecino le gusta **presumir** con su juguete nuevo.*

## primo

El hijo o hija del tío o tía: *Mi **primo** vendrá a visitarnos el próximo verano.*

## problema

Situación de difícil solución: *Ella tiene un **problema** con su amiga.*

## profundo

Hondo o muy adentro: *Entramos a un **túnel** profundo.*

## provocar

Tratar de producir una reacción como respuesta: *Dos ardillas pueden ser territoriales y **provocar** una pelea.*

# R

## rama

Parte que nace del tronco de una planta: *Esa planta tiene una sola rama.*

**rama**

## recoger

Agarrar algo que se ha caído: *El bombero recogía la madera quemada. Recogí toda la ropa que estaba en el suelo.*

## retumbar

Resonar, hacer mucho ruido: *El sonido de la trompeta retumba en mis oídos. Los tambores retumban en el desfile.*

## rizado

Tener forma ondulada: *Mi amiga tiene cabello rizado.*

## ruido

Sonido confuso: *El ruido de los camiones no me dejó oír lo que mi madre decía.*

**ruido**

# S

### sala cuna

Cuarto o lugar para cuidar bebés: *Cuando nació mi hermano lo colocaron en la **sala cuna**.*

### seguridad

Ausencia de peligro: *La mamá pájaro cuida a sus pichones: les da **seguridad**.*

**seguridad**

### sencillo

Sin dificultad ni complicación: *Mi padre es un hombre **sencillo**.*

### serpenteante

Movimiento ondulante: *La culebra hace un movimiento **serpenteante** cuando se mueve.*

### silencio

Ausencia de ruido o palabras habladas: *La maestra dijo que hiciéramos **silencio** en la clase.*

## simplemente

Sencillamente: *No hay que repartir muchos regalos, **simplemente** haremos una fiesta.*

## sin aviso

De repente: *Los pájaros del árbol alzaron el vuelo **sin aviso**.*

## solo

Que está sin otra persona o cosa: *Se quedó **solo** en casa.*

## suave

Agradable, liso, terso: *Los muebles tienen una tela **suave**.*

## sur

Punto cardinal opuesto al norte: *Algunos animales migran hacia el **sur**.*

# T

## tranquilo

Sosegado, quieto, calmado: *El mar está **tranquilo** hoy.*

## transporte

Medio para trasladarse de un lugar a otro: *El autobús es un medio de **transporte**.*

## túnel

Paso subterráneo entre dos lugares: *Cuando fuimos de paseo, pasamos por un **túnel**.*

túnel

# U

### usar

Ponerse o utilizar algo: *Los caminantes* **usan** *botas para la montaña. Es mejor* **usar** *guantes para el frío.*

# V

### visitar

Acudir a un lugar para ver a alguien: *El viernes vinieron nuestros primos a* **visitarnos**.

# Acknowledgments

**Main Literature Selections**

*Animals Building Homes* by Wendy Perkins. Copyright © 2004 by Capstone Press. All rights reserved. Reprinted by permission of Capstone Press Publishers.

*Click, Clack, Moo: Cows That Type* by Doreen Cronin, illustrated by Betsy Lewin. Text copyright © 2000 by Doreen Cronin. Illustrations copyright © 2000 by Betsy Lewin. Reprinted by permission of Simon & Schuster's Books for Young Readers, an Imprint of Simon & Schuster's Children's Publishing Division. All rights reserved.

*Diary of a Spider* by Doreen Cronin, illustrated by Harry Bliss. Text copyright © 2005 by Doreen Cronin. Illustrations copyright © 2005 by Harry Bliss. Reprinted by permission of HarperCollins Children's Books, a division of HarperCollins Publishers, and Pippin Properties, Inc.

*Helen Keller* by Jane Sutcliffe, illustrated by Elaine Verstraete. Text copyright © 2002 by Jane Sutcliffe. Illustrations copyright © 2002 by Elaine Verstraete. All rights reserved. Reprinted by permission of Carolrhoda Books Inc., a division of Lerner Publishing Group, Inc.

*Henry and Mudge: The First Book* by Cynthia Rylant, illustrated by Suçie Stevenson. Text copyright © 1987 by Cynthia Rylant. Illustrations copyright © 1997 by Suçie Stevenson. Reprinted by permission of Simon & Schuster's Books for Young Readers, an imprint of Simon & Schuster Children's Publishing Division. All rights reserved.

*Henry and Mudge Under the Yellow Moon* by Cynthia Rylant, illustrated by Suçie Stevenson. Text copyright © 1987 by Cynthia Rylant. Illustrations copyright © 1997 by Suçie Stevenson. Reprinted by permission of Simon & Schuster Children's Publishing Division. All rights reserved.

*How Chipmunk Got His Stripes* by Joseph and James Bruchac, illustrated by José Aruego & Ariane Dewey. Text copyright © 2001 by Joseph Bruchac and James Bruchac. Illustrations copyright © 2001 by José Aruego and Ariane Dewey. Reprinted by permission of Dial Books for Young Readers, a member of Penguin Books for Young Readers, a division of Penguin Group (USA) Inc., and Sheldon Fogelman Agency, Inc.

*Jellies: The Life of Jellyfish* by Twig C. George. Text copyright © 2000 by Twig C. George. All rights reserved. Reprinted by permission of Millbrook Press, a division of Lerner Publishing Group, and Curtis Brown, Ltd.

*Mi Familia/My Family* by George Ancona, children's drawings by Camila Carballo, photographs by George Ancona. Text copyright © 2004 by George Ancona. Children's drawings copyright © 2004 by Camila Carballo. Photographs copyright © 2004 by George Ancona. All rights reserved. Reprinted by permission of Children's Press, an imprint of Scholastic Library Publishing, Inc.

*Officer Buckle and Gloria* written and illustrated by Peggy Rathmann. Text and illustrations copyright © 1995 by Peggy Rathmann. All rights reserved. Reprinted by permission of G. P. Putnam's Sons, a division of Penguin Putnam Books for Young Readers, a division of Penguin Group (USA) Inc., and Sheldon Fogelman Agency, Inc.

*Schools Around the World* by Margaret C. Hall. Originally published as Schools. Text copyright © 2002 Heinemann Library. Reprinted by permission of Heinemann Library, a division of Pearson Education.

*Teacher's Pets* by Dale Ann Dodds, illustrated by Marilyn Hafner. Text copyright © 2006 by Dale Ann Dodds. Illustrations copyright © 2006 by Marilyn Hafner. Reprinted by permission of the publisher, Candlewick Press Inc.

*The Ugly Vegetables* written and illustrated by Grace Lin. Text and illustrations copyright © 1999 by Grace Lin. All rights reserved. Reprinted by permission of Charlesbridge Publishing, Inc.

*Violet's Music* by Angela Johnson, illustrated by Laura Huliska-Beith. Text copyright © 2004 by Angela Johnson. Illustrations copyright © 2004 by Laura Huliska-Beith. All rights reserved. including the right of reproduction in whole or in part in any form. Reprinted by permission of Dial Books for Young Readers, a member of Penguin Young Readers Group, a division of Penguin Group (USA) Inc.

# Credits

## Photo Credits

**Placement Key:** (t) top; (b) bottom; (l) left; (r) right; (c) center; (bg) background; (fg) foreground; (i) inset.

**8a** Andy Sacks/Getty Images; **8b** Andy Sacks/Getty Images; **9** Andy Sacks/Getty Images; **10** (tl) Arco Images GmbH/Alamy; **10** (tr) (c)Jeffy Shulman/SuperStock; **11** (tl) Sean MacLeay/Shutterstock; **11** 9tr) (c)Dave Stamboulis/Alamy; **11** (cl) blickwinkel/Alamy; **11** (cr) (c)Jeff Greenberg/Alamy; **11** (bl) (c)David Burton/Alamy; **11** (br) (c) Manor Photography/alamy; **12** Gandee Vasan/Stone/Getty Image; **12-13** (c)Blomingimage/Corbis; **14** (t) Courtesy MacMillan; **14** (b) Courtesy Kirchoff Wohlberg; **26** (bkgd) (c)Tony Tayor/San Antonio Zoo; **26** (inset) (c)Don Despain/www.rekindlephotos.com/Alamy; **27** (tl) (c) Scott Doll/San Antonio Zoo; **27** (cr) Gandee Vasan/Ston/Getty Images; **27** (br) Photodisc/Getty Images; **28** (inset) (c) GK Hart/Vikki Hart/Riser/Getty Images; **28-29** (bkgd) San Antonio Zoo; **29** (inset) (c)Tim Graham/The Image Bank/Getty Images; **33** HMCo; **34** (t) Edgardo Contreras/Getty Images; **34** (b) Patrick Molnar/Getty Images; **35** (tl) (c) Photodisc/SuperStock; **35** (tr) Alaskastock; **35** (cl) (c) Tom Stewart/CORBIS; **35** (cr) David Young-Wolff/ Photo Edit; **35** (bl) (c) Ronnie Kaufman/Age Fotostock; **35** (br) Masterfile (Royalty-Free Div.); **36** Yellow Dog Productions/Getty Images; **38-52** Courtesy George Ancona; **54** (c) Stockbyte/Alamy; **54** (tl) Digital Vision/Alamy; **55** (tr)(c) Jack Hollingsworth/Photodisc/Getty Images; **56** (b) (c) Digital Vision/Alamy; **57** (t) (c)Stockbyte/SuperStock ; **61** HMCo; **62** (t) (c)Ryan McVay/Getty Images; **62** (b) Digital Vision/Getty Images; **63** (tl) Photodisc/Getty Images; **63** (tr) (c) Tomakazu Yamada/Getty Images; **63** (cl) (c) Jose Luis Pelaez/Stone/Getty Images; **63** (cr) (c) Anne Ackermann/Taxi/Getty Images; **63** (bl) (c) Rachel Husband/Alamy; **63** (br) (c) Tom Stock/Stone/Getty Images; **64** (c) blickwinkel/Alamy; **66** (t) Courtesy MacMillan; **66** (b) Courtesy Kirchoff Wohlberg; **78-79** (c) Gary Crabbe/age fotostock; **79** (b) (c) Darrell Gulin/Stone/Getty Images; **80** (bl) (c) Amanda Hall/Getty Images; **80** (br) Photodisc/Getty Images; **80-81** (bkgd) Corel Stock/Photo Library; **85** HMCo; **86** (t) FABIO COLOMBINI MEDEIROS/Animals Animals - Earth Scenes; **86** (b) John B Free/npl/Minden Pictures; **87** (tl) (c) Stephanie Pilick/dpa/Corbis; **87** (tr) Getty Images; **87** (cl) (c) Bilderbuch/Design Pics/Corbis; **87** (cr) Michael & Patricia Fogden/Minden Pictures; **87** (bl) (c) Tony Arruza/CORBIS; **87** (br) (c) Buddy Mays/CORBIS; **88** (c) Bartomeu Borrell/age fotostock; **90** (t) Courtesy Harper Collins; **90** (b) Courtesy Harry Bliss; **102** Birgid Allig/Getty Images; **102-103** (c) Getty Images; **104** (c) Getty Images; **121** HMCo; **122** (t) Arthur Tilley/Getty Images; **122** (b) Daniel Dempster Photography/Alamy; **123** (tl) Richard Hutchings/Photo Edit; **123** (tr) Sean Justice/Getty Images; **123** (cl) Juniors Bildarchiv/Alamy; **123** (cr) imagebroker/Alamy; **123** (bl) Bill Losh/Getty Images; **123** (br) Michael Newman/Photo Edit; **124** (c) Paul Hardy/Corbis; **157** HMCo; **162** (t) (c) Joseph Sohm/Visions of America/Corbis; **162** (b) Peter Oxford/Minden Picturers; **163** (tl) ZIGMUND LESZCZYNSKI/Animals Animals - Earth Scenes; **163** (tr) (c) Francesc Muntada/CORBIS; **163** (cl) STEVE EARLEY/Animals Animals - Earth Scenes ; **163** (cr) (c) NOEL LAURA/CORBIS SYGMA; **163** (bl) Gerry Ellis/Minden Pictures; **163** (br) MICHAEL DICK/Animals Animals - Earth Scenes; **164** (b) (c) Mark Tomalty/Masterfile; **164** (t) M Stock/Alamy; **164** (b) (c) Getty Images; **166-180** Courtesy Wendy Perkins; **189** HMCo; **190** (t) (c) Brand X Pictures; **190** (b) Tony Freeman/Photo Edit; **191** (tl) Peter Bowater/Alamy; **191** (tr) (c) EyeWire Collection; **191** (cl) Koeb-StockFood Munich/Stockfood; **191** (cr) (c) C Squared Studios; **191** (bl) Michael Newman/Photo Edit; **191** (br) (c) Tom Stewart/CORBIS; **192** Diana Koenigsberg/Jupiter Images; **194** Courtesy Charlesbridge Publishing; **218-219** Justin Sullivan/Getty Images; **220** (inset) Associated Press; **220-221** Yoshio Sawargai/Getty Images; **225** HMCo; **226** (t) Masterfile (Royalty-Free Div.); **226** (b) (c) Dave Hunt/epa/Corbis; **227** (tl) (c) Photo 24/Age Fotostock; **227** (tr) (c) Getty Images; **227** (cl) (c) Claudia Daut/Reuters/Corbis; **227** (cr) (c)J. A. Kraulis/Masterfile; **227** (bl) (c) Sasa Stankovic/epa/Corbis; **227** (br) AFP/Getty Images; **228** (c) Digital Vision; **230**